D1674794

Abdullah Öcalan:
Urfa – Segen und Fluch einer Stadt
ISBN: 3-931885-94-1
1. Auflage 2008
© Internationale Initiative
Verlag: Mezopotamien Verlags GmbH

Titel der Originalausgabe: Kutsallık ve Lanetin Simgesi Urfa
© Abdullah Öcalan, 2001

Freie Übersetzung und redaktionelle Überarbeitung:
Reimar Heider und John Tobisch-Haupt
Satz und Umschlaggestaltung: Holger Deilke

Herausgeber:
Internationale Initiative
„Freiheit für Abdullah Öcalan – Frieden in Kurdistan"
Postfach 100511
50445 Köln
www.freedom-for-ocalan.com

Urfa – Segen und Fluch einer Stadt

Abdullah Öcalan

Inhalt

Vorwort der Herausgeber

Urfa, Abdullah Öcalans Heimatregion, kann als Mikromodell Kurdistans und des gesamten Mittleren Ostens gelten. Hier leben, arbeiten und handeln Kurden, Türken, Araber, Turkmenen, Armenier und Assyrer seit Jahrhunderten miteinander und scheinen so der Vorstellung, es könne im Mittleren Osten „ethnisch reine" Nationalstaaten geben, Hohn zu sprechen.

Religion hat in dieser geschichtsträchtigen Stadt stets eine große Rolle gespielt. Die mit 11 000 Jahren ältesten Tempel der Menschheit in Göbekli Tepe sind nur wenige Kilometer von der Urfaer Altstadt entfernt, in der man die älteste lebensgroße Statue der Welt gefunden hat. In Urfa sollen Abraham geboren und Hiob begraben sein. Abrahams Teich, ein Quellsee mit heiligen Karpfen, bewässert die Harran-Ebene, wo Isaak und Rebekka sich kennen lernten. Jesus wäre um ein Haar nach Urfa und nicht nach Jerusalem gezogen. Urfa, damals Edessa genannt, war einer der Kreuzfahrerstaaten, und heute gilt die fünftheiligste Stadt der Muslime, die „Heimat der Propheten", als religiös-konservativ mit großem Einfluss von muslimischen Bruderschaften und Scheichs.

Andererseits begann Ende der 1970er Jahre der Kampf der PKK gegen Feudalherren und staatliche Assimilationspolitik ebenfalls hier. Ein Kampf, der die Region veränderte und nicht zuletzt zu einem breiten Hinterfragen offizieller Geschichtsdeutung führte. Der Gründer, langjährige Vorsitzende der PKK und Autor des vorliegenden Essays wurde 1999 in einer Geheimdienstoperation aus Kenia entführt und sitzt seither in europaweit einzigartiger Isolationshaft, bewacht von 1000 Soldaten auf der Festungsinsel Imrali.

In „Urfa – Segen und Fluch einer Stadt", seinem kürzesten in der Haft verfassten Text, schlägt Öcalan einen weiten Bogen von den Anfängen menschlicher Zivilisation in Urfa bis in dessen Gegenwart und versucht, demokratische Zukunftsperspektiven für die Region zu formulieren.

Texte wie dieser trugen Anfang der 2000er Jahre massiv zu einem Umdenken in der kurdischen Bewegung bei und bildeten eine Grundlage für ihre Diskussionen während des Waffenstillstands der PKK von 1999-2005. Wegen der Blockadehaltung der türkischen Regierungen, insbesondere der islamischen AKP, sind diese Bemühungen jedoch leider bisher nicht in einen Frieden eingemündet.

Die Internationale Initiative „Freiheit für Abdullah Öcalan, Frieden in Kurdistan" möchte mit der Herausgabe der Schriften Öcalans die Möglichkeit schaffen, sich jenseits der einseitigen tagesaktuellen Berichterstattung ein objektives Bild des relevantesten Politikers der kurdischen Seite zu verschaffen. Wir hoffen so einen Beitrag dazu zu leisten, dass der schwelende Konflikt, der sich immer wieder in Gewaltakten entlädt, endlich einer friedlichen, gerechten Lösung zugeführt werden kann.

Köln, im Mai 2008
Internationale Initiative

An den Vorsitz des 8. Strafgerichtshofs Ankara

Hohes Gericht, für das so genannte Urfa-PKK-Verfahren, das vom Gerichtsverfahren auf Imrali getrennt geführt wird, habe ich zwei Verteidigungsschriften verfasst. Diese kurz gehaltenen Einlassungen, welche sich vorwiegend mit den lokalen Hintergründen dieses Verfahrens beschäftigen, sind gleichzeitig eine Ergänzung meiner Eingabe am Europäischen Gerichtshof für Menschenrechte (EGMR)[1]. In der Eingabe am EGMR, die sich eingehend mit den Hintergründen einer ganzen Epoche beschäftigt, nahm ich eine historische und zivilisationskritische Analyse vor, um die zur Debatte stehende Problematik besser erläutern zu können. Insofern ist sie auch als theoretischer und historischer Rahmen meiner Einlassung zum jetzigen Verfahren zu verstehen. Den ersten Teil habe ich fertiggestellt und übermittle ihn Ihnen auf diesem Weg zusammen mit meiner Eingabe an den EMGR. Ein zweiter Teil wird bis Ende August folgen.

In meiner Einlassung konzentriere ich mich weniger auf konkrete Begebenheiten als auf Lehren, die aus ihnen zu ziehen sind, um die gegenwärtige Situation verständlicher zu machen. Aktuell stehen in der Türkei umfassende juristische und politische Reformen an. Aus diesem Grund habe ich auf die Erstellung der vorliegenden Einlassung große Sorgfalt verwendet, da ich glaube, zu dem genannten Reformprozess einen wertvollen Beitrag leisten zu können, wenn ich als Angehöriger einer Konfliktpartei

---

1   Abdullah Öcalan: Gilgameschs Erben 1+2, Atlantik Verlag, 2003

deren Ansichten zu einer gesellschaftlichen Problematik erläutere. In diesem Sinne habe ich den Nutzen des Kampfes für eine säkulare und demokratische Republik wissenschaftlich darzulegen versucht.

Ich hoffe, dass das Gericht diese Einlassungen als Beitrag zur zukünftigen Einhaltung der universalen Rechtsnormen in unserem Land verstehen möge.

Hochachtungsvoll,

Abdullah Öcalan
10. Juli 2001
Imrali

Geschichte am Oberlauf von Euphrat und Tigris

Ein viel zitierter Buchtitel Samuel Noah Kramers lautet „Geschichte beginnt mit Sumer". Die Ursprünge von Sumer jedoch liegen dort, wo Euphrat und Tigris entspringen, im Gebiet von Obermesopotamien mit seinen hohen Bergen des Taurus-Zagros-Gebirges, seinen Hochplateaus und Almen. Es wurde von vielen Völkern, auch von den Sumerern, in ihren eigenen Sprachen „Gondwana", „Karduanna" oder „Urartu" genannt, was soviel wie „Hochland" bedeutet. Nach dem heutigen Stand der archäologischen Forschung bestanden hier optimale Bedingungen für die sogenannte agrikulturelle Revolution, da domestizierbare Pflanzen und Tiere reichlich vorhanden waren. Die optimalen klimatischen Bedingungen sorgten für eine natürliche Bewässerung. Dieser Eignung war es geschuldet, dass sich bereits in früheren Zeiten Jäger und Sammler hier konzentrierten. Die ersten Gruppen von Menschen, von denen man annimmt, dass sie vor 1-1,5 Millionen Jahren aus Ostafrika aufbrachen, erkannten dieses Gebiet als einen für sie geeigneten Lebensraum. Kein anderes Gebiet war derartig fruchtbar. Über sämtliche Eiszeiten und Zwischeneiszeiten hinweg erwies sich diese Gegend als bewohnbar. Nach dem Ende der letzten Eiszeit vor ungefähr 20 000 Jahren begann das mesolithische Zeitalter, die Mittelsteinzeit. Hierfür sprechen zahlreiche archäologische Funde, die aus jener Zeit stammen, welche sich vor ungefähr 12 000 Jahren dem Ende zuneigte. Im Anschluss daran begann das neolithische Zeitalter, auch Jungsteinzeit genannt. Man geht davon aus, dass eine Trockenperiode eine wichtige Rolle bei den massiven Umwälzungen spielte, welche auch als neolithische Revolution bezeichnet werden. Im Zuge der einschneidenden Klimaveränderung sahen sich die Menschen zu tief greifenden Veränderungen in ihrer Lebensführung genötigt. Mit Getreideanbau und der Domestizierung von Tieren verwirklichten sie eine der größten Revolutionen in der Entwicklung der Menschheit, die von archäologischen Funden im Einzugsgebiet von Euphrat und Tigris zum Gebirge hin belegt wird, deren Alter bis zu 11 000 Jahre v. Chr. zurückreicht. Die ältesten menschlichen Siedlungen wie Nevali Çori finden sich so im Gebiet um Urfa. Auch die ältesten Kultstätten der Menschheit wie Göbekli Tepe lassen sich in diesem Gebiet verorten.

Zentren dieser Zeit waren vor allem die Gebiete um die heutigen Provinzen Urfa, Diyarbakır und Mardin. Die von Archäologen tumulus genannten Erdhügel, die auch heute noch allerorten anzutreffen sind, bergen einen unvergleichlichen historischen Schatz aus jener Zeit. Hunderte harren noch einer Grabung. Sorgfältige archäologische Untersuchungen können vielleicht weitere Details über die erste große Revolution in der menschlichen Entwicklungsgeschichte zutage fördern.

Sowohl in den bergigen als auch in den ebenen Regionen dieses Gebietes fanden sich in großer Zahl für den Nahrungsanbau verwertbare Pflanzen, Bäume und domestizierbare Tiere. Natürlich entstandene Höhlen boten als erste Siedlungsorte Sicherheit. Neben den großen Flüssen und ihren Nebenflüssen waren auch zahlreiche Quellen und Wasserlöcher vorhanden. Neben ergiebigen Niederschlägen boten diese Wasservorkommen eine ideale Grundlage für Pflanzen, Tiere und Siedlungen. Dies war einer der Gründe, weshalb sich diese Region zur Wiege der Menschheit entwickelte. Im Zuge der Entwicklung des Ackerbaus begannen die Menschen, sesshaft zu werden und sich in Dörfern anzusiedeln, was wiederum die geistige und seelische Welt des Menschen nachhaltig veränderte.

Ein Überfluss an Nahrung, eine wachsende Bevölkerung und stetig anwachsende Siedlungen waren Merkmale dieser Epoche. Sie gestalteten sich derart nachhaltig, dass die neolithische Agrarkultur immer noch in der Mentalität und den Verhaltensweisen der Menschen nachwirkt. Über lange Zeit hinweg hatten matriarchale oder matrizentrische Gesellschaftsstrukturen Bestand. Frauen waren es, die Ackerbau und Domestizierung maßgeblich vorantrieben. Vor allem der Frau kam das sesshafte Leben entgegen, da ihr die Kindererziehung, die Bewirtschaftung der Felder und die Viehzucht oblagen. Dies stärkte die Rolle der Frau, was sich auch in der Entstehung des Göttinnenkultes widerspiegelte. So tragen die ersten Götterskulpturen keine männliche, sondern weibliche Züge. In der Sprachkultur überwog das Weibliche. Die ersten Tempel wurden in den Dörfern errichtet, was durch ihre Überreste belegt ist.

Das Gebiet um Urfa war eines der größten Zentren dieser Revolution. Urfa bot mit seinen geographischen und klimatischen Bedingungen optimale Voraussetzungen für Ackerbau und Viehzucht. Hunderte von Tumuli und Höhlen zeigen, wie weit verbreitet die Sesshaftigkeit war. Nirgendwo sonst auf der Welt lässt eine derartig alte Siedlungsordnung antreffen. Insofern lässt sich annehmen, dass Urfa und die benachbarten Gebiete über viele tausend Jahre hinweg Zentren des neolithischen Zeitalters waren, ähnlich wie Europa das Zentrum des kapitalistischen Zeitalters ist. Die Länge dieses Zeitraums hinterließ unauslöschliche Spuren in der späteren Geschichte. Deshalb bildete die Geschichte von Sumer und Ägypten eine natürliche Fortsetzung dieser Ära. Im Gebiet um Urfa sammelten die Menschen ihre ersten Erfahrungen hinsichtlich Sesshaftigkeit, Ackerbau und Viehzucht. Hier lernten sie den Umgang mit Wissen und Technik; lernten die Wirkungsweise von Ideologie als treibender gesellschaftlicher Kraft kennen. Erst viel später zogen sie weiter zu den Unterläufen der Flüsse. Zahlreiche archäologische Funde deuten darauf hin, dass die Kultur in Ägypten und Sumer ihren Ursprung in der Region um Urfa hatten. Es ist kaum anzunehmen, dass die agrarische Revolution in den Wüsten Arabiens und Afrikas stattgefunden hat. Doch auch in den Gebieten entlang der Flüsse mit ihren fruchtbaren Schwemmböden sind keine der Pflanzen und Tiere heimisch, die bei der Sesshaftwerdung eine wichtige Rolle spielten. All dies zeigt, warum sich dieser Prozess im höher gelegenen Becken von Euphrat und Tigris abspielte.

Landwirtschaft, Domestizierung von Tieren, Dorfgründungen, Tempelerrichtungen und erste göttliche Symbole waren für dieses Zeitalter kennzeichnend, was sich im Entstehen einer Gesellschaftskultur und im Göttinnenkult niederschlug. Noch heute sind die Auswirkungen dieser Ära auf die gesamte Menschheit spürbar. Überall dort, wo Landwirtschaft, Viehzucht und Mutterkultur sich entwickelten, lassen sich Spuren ihres Ursprungs finden. Verfolgt man diese Spuren zurück, gelangt man nach Urfa. Von hier breitete sich die neolithische Revolution wellenartig über weite Teile der Welt aus.

Da Urfa ein Zentrum dieses Zeitalters war, ist es ratsam, einige Begriffe mit der nötigen Gewichtung zu analysieren, wenn wir zu einem modernen Verständnis von Begriffen wie „Geschichte", „Heiligkeit" oder „Fluch" gelangen wollen, um letztendlich zu der mentalen Aufklärung beitragen zu können, derer der Mittlere Osten so dringlich bedarf und welche die Voraussetzung für seine Renaissance ist.

Wie schon eingangs erwähnt, beginnt die Geschichte der Zivilisation in Sumer und Ägypten. Ägypten und Sumer entstanden jedoch erst nach der agrikulturellen Revolution in Obermesopotamien. Erste Straßen und Routen von Karawanen verliefen zwischen dieser Region und den städtischen Zentren, was als Anhaltspunkt für den genannten historischen Verlauf dieser Zivilisationsgründungen gilt. Sämtliche Techniken und Ideen, die zum Auslöser dieser Zivilisationsgründungen wurden, breiteten sich entlang dieser Wege nach Sumer und Ägypten, später auch nach Norden, Osten und Westen aus. Laut neuestem Stand der archäologischen Forschung erfolgte ab 10.000 v. Chr., innerhalb von 1000-2000 Jahren, deren Ausbreitung und Regionalisierung in alle vier Himmelsrichtungen. Das Zeitalter der Tell Halaf-Kultur nahm um 6.000 v. Chr. seinen Anfang. Es markierte die Reifezeit und die fortgeschrittene Institutionalisierung der Ära der Landwirtschaft. Erst 2000 Jahre später lassen sich die ersten Spuren der sumerischen und der ägyptischen Zivilisation nachweisen. Im vierten vorchristlichen Jahrtausend entstand zuerst Sumer, danach Ägypten.

Die städtische Revolution, in deren Verlauf sich die sumerische Zivilisation im 3. Jahrtausend begründete, breitete sich ca. 1000 Jahre später in Form von ersten Kolonien, der „Ur", Siedlungen und Städte, die auf Hügeln errichtet wurden, nach Obermesopotamien, in das sogenannte „Hochland" aus. Urfa selbst wurde auf Hügeln und am Ufer einer Quelle gegründet. Aus dieser Quelle speist sich auch „Abrahams Teich", der Halil- Rahman-See. Die Begriffe „Wasser" und das arabische „rahm", was soviel wie Gnade bedeutet, haben dieselbe Bedeutung. Urfa, Harran, Karkamisch und Samsat entwickelten sich zu den ersten wichtigen kolonialen Zentren der Geschichte. Auf diese Weise erfolgte der Übergang vom Zeitalter der Dörfer zum Zeitalter der Städte. Daher reicht die schriftlich überlieferte Geschichte von Urfa und seiner Region bis ins dritte vorchristliche Jahrtausend zurück. Von da ab lässt sich die Geschichte Urfas problemlos chronologisch nachverfolgen, weshalb es möglich ist, die Bedeutung eines jeweiligen Zeitabschnitts zu verifizieren.

Das Geheimnis von Geschichte liegt in ihrem Beginn
Ein Geschichtswissen, das die Analyse des Beginns von Geschichte beseite lässt, führt zu katastrophalen Irrtümern. Eine solche Geschichtsbetrachtung ist nichts anderes als das Fundament von

Unwissenheit. Der Ursprung menschlicher Zivilisationsgeschichte lässt sich nicht einfach ignorieren. Eine Negation des Ursprungs versperrt das Verständnis um unsere Wurzeln, was dazu führt, ihren Wert nicht erkennen zu können. Es grenzt an Undankbarkeit zu behaupten, man sei, im entfernten Sinne, kein Kind dieser Region, um stattdessen ausschließlich die Klassengesellschaft als eigenen Ursprung zu verorten. Eine solche Betrachtung menschlicher Entwicklungsgeschichte ist mehr als kurzsichtig, da sie nur die Klassengesellschaft behandelt.

Dies würde jedoch das Wesen menschlicher Entwicklungsgeschichte ignorieren, da die Menschen lange zuvor das Denken und die Sprache entdeckten oder nachhaltige Erfahrungen im Umgang mit Gesellschaft und Natur sammelten; eine Lebensführung, die nicht auf Ausbeutung, Unterdrückung und Raub aufbaute, sondern hauptsächlich auf eigener Arbeit fußte. So lässt sich mit relativer Sicherheit annehmen, dass die Menschen ihre ersten zivilisatorischen Gehversuche in unserer geographischen Region unternahmen, was sich nachhaltig auf alle weiteren in ihrer Entwicklungsgeschichte auswirkte. Folgerichtig muss unsere Geschichtsanalyse bei unseren eigentlichen Ursprüngen ansetzen, wenn wir wirklich verstehen wollen, wie die Menschheit ihre grundlegenden Werte erschaffen hat.

Demzufolge ist es nicht vermessen zu behaupten, dass die Fundamente menschlicher Zivilisationsgeschichte in unserer geographischen Region gelegt wurden. Die spätere Geschichtsschreibung ist hingegen von den Klassengesellschaften beeinflusst. Sie ist die Geschichte der Klassen. Eine Geschichte, die ausschließlich Personen, Dynastien und Gottheiten hervorhebt. In ihr spiegelt sich historisches Wunschdenken wider, statt tatsächliche Begebenheiten zu transportieren, was einer Geschichtsschreibung entspricht, in der die Lüge die Wahrheit überwiegt. Ich glaube nicht an diese Art von Geschichtsschreibung, was meinem Respekt gegenüber der wahren Geschichte geschuldet sein dürfte.

Dieser Widerspruch tritt bei der Betrachtung der Geschichte von Urfa und seiner Region offen zutage; eine Geschichte, die von vieler Hände Arbeit geschrieben wurde. Dem steht eine Geschichtsschreibung gegenüber, welche die Interessen einer Kaste transportiert, die ihre Existenz allein auf den Raub der dabei geschaffenen Werte gründet. Aufgrund dieses Widerspruchs gelangen die Menschen dieser Region zu keinem vorwärtsgewandten Denken, da ihr Bewusstsein durch die Klassengesellschaft getrübt ist. Ohne die Analyse dieses Widerspruchs werden wir kaum von einem wirklichen Verständnis der Begebenheiten sprechen können.

Ein anderer Begriff, den es zu analysieren gilt, wenn wir von Urfa sprechen, ist der Begriff der „Heiligkeit". Was bedeutet dieser Begriff? Warum wurde er geschaffen? Auch hier lassen sich bei den Sumerern Antworten finden. Der ursprüngliche Begriff „kauta" entstammt der sumerischen Sprache und bedeutet soviel wie „Nahrung". Als Nahrung wurde alles verstanden, was im Rahmen von Ackerbau und Viehzucht produziert wurde. Diese war den Menschen seit jeher heilig, da sie ihre Existenz gewährleistete. Das Leben galt ihnen als wertvoll, weshalb sie die Nahrung, die ihnen ihren Fortbestand ermöglichte, gleichfalls als wertvoll betrachteten. Auch später wurden Dinge gepriesen und vergöttert, die für die Menschen einen hohen Wert darstellen. Einmal als Wert erkannt, wird dies diskussionslos hingenommen. Zum Tabu erhoben, werden sie als heilig verklärt.

Die „heilige" Fruchtbarkeit des Bodens

Einst wurde Dingen und Objekten die Heiligkeit zu gesprochen, die die Existenz der Menschen sicherten. Ihnen wurde ein Wert beigemessen, der weit über dem des materiellen lag. Sie wurden als göttliches Geschenk begriffen, was dazu führte, dass sie im Wertekanon der Menschen einen hohen Stellenwert einnahmen. Nahrung hatte demnach auch einen ideellen Wert, der mit Heiligkeit gleichgesetzt wurde.

In der Region um Urfa ist dieser Wertekanon heute noch lebendig. Die Gegend ist sehr fruchtbar, weshalb sie den Menschen schon seit Jahrtausenden Nahrung bietet. Dort lässt sich die Geschichte der Nahrungsproduktion ablesen; eine Geschichte, die in der sozialen Genese der Menschen nachhaltige Spuren hinterlassen hat. Sie ist die Geschichte des „heiligen Urfa", einst Kornkammer der Wiege der Menschheit. Wer könnte heute auf Weizen, Gerste, Hirse und Linsen verzichten, die ursprünglich aus diesem Gebiet stammen?

Es waren diese Nahrungsmittel, die die Sumerer als heilig erachteten, vergötterten und in ihren Festen feierten. Wer produzierte sie? Es waren in erster Linie Frauen, die diese Arbeit verrichteten. Eine Arbeit, mit der die Frauen die Grundlagen des Lebens entdeckten und seinen Fortbestand sicherten. Sie kümmerten sich um die Produktion und erwarben sich so vielfältige Kenntnisse und höchstes Ansehen.

Bei den Sumerern galten nicht nur die Nahrung, sondern auch die Werkzeuge als heilig, die für die Nahrungsproduktion unabkömmlich waren. Hacke, Pflug und Beil, ja selbst Ochse und Stier wurden in den göttlichen Stand erhoben. Auch Boden, Luft, Regen, Sonne, Wind, Bäume und Tiere wurden vergöttert. Allem wurde eine Gottheit zugeordnet. Immer mehr Dinge und Objekte wurden Teil dieser Wertbeimessung. Das „Heilige" expandierte in dem Maße, wie die Produktion von Nahrung expandierte, welche das Überleben der Menschen sicherte.

Der Übergang vom Jäger- und Sammlerdasein zum produzierenden Wesen gestaltete sich nicht einfach. Er kam einer Revolution gleich, die wiederum durch den Menschen vergöttert wurde. Nahrung war dabei die Projektionsfläche der Vergötterung, sie war die „Heiligkeit" selbst.

Den dabei erschaffenen Göttern wurden Eigenschaften zugeordnet, denen der Mensch einen Nutzen beimaß. Göttliche Charaktere wurden kreiert, die den Menschen wohlgesonnen erschienen, was wiederum in die intuitive Wahrnehmung ihrer Umwelt einfloss. Es waren Abbildungen ihrer Vorstellungskraft, eine Widerspiegelung menschlicher Lebensverhältnisse, die nicht straften, sondern Leben spendeten, indem sie den Menschen Nahrung reichen. Sie galten als Nahrung an sich, die der „Heiligkeit" gleichgesetzt wurde. Sie waren Teil der menschlichen Biosphäre, wo das Ergebnis menschlicher Arbeit geadelt wurde.

Hierfür bot die Fruchtbarkeit der Region um Urfa reichlich Anlass. Das „heilige" Urfa entstand.

Die Entrückung der Götter

Später wurden diese Götter von den Sumerern übernommen, die sie in ihren Tempeln zu Göttern der Klassengesellschaft transformierten. Bewusst wurden diese Götter der menschlichen Wahrnehmung entrückt und unbegreiflich gemacht, um sie zu strafenden Göttern zu erklären, die Tod und Verderbnis über die Menschen zu bringen im Stande sind. Es war die aufstrebende Klasse, die sich selbst vergötterte, um so ihren Machtanspruch zu begründen. Dabei schreckten die sumerischen Priester nicht vor Lüge und Fälschung zurück. Der Lauf der Geschichte wurde verfälscht wiedergegeben, um die Unterdrückung der Menschen als gottgefällig darstellen zu können. Die auf Raub von kollektiv geschaffenen Werten basierende Gesellschaftsordnung bedurfte einer Legitimation, ohne die keine Ordnung auskommt. Diese Funktion übernahmen die Priester, die in ihren Tempeln strafende Götter erschufen, welche bedrohlich über den Menschen stehen, obwohl bis dahin die Götter in der Vorstellungswelt des Menschen mit ihnen zusammen gelebt hatten. Die Entrückung der Götter aus der natürlichen Umgebung des Menschen ließ sie bedrohlich erscheinen. Darauf gründete die sich konstituierende Priesterklasse ihren Machtanspruch, über kollektiv geschaffene Werte frei verfügen zu können, ohne selbst dazu beitragen zu müssen, indem sie sich als ihre Vertreter auf Erden ausgaben. Sie schufen eine Mythologie, die den Menschen Angst einflößte. Infolgedessen wurde das Dogma von der Unfehlbarkeit der Götter respektive der herrschenden Klasse geschaffen, denen das Schicksal des Menschen auf Gedeih und Verderb ausgeliefert sei, was letztendlich zur Versklavung des Menschen führte.

Nur wenige wagten dagegen aufzubegehren. Die im Koran geschilderte Götzenzerstörung durch Abraham, den das Christentum, der Islam und das Judentum gleichermaßen als Erzvater anerkennen, ist letztendlich als subversives Aufbegehren gegen das genannte Dogma zu verstehen. Anderseits trug sein Handeln auch eine ideologische Komponente, als er davon sprach, dass es nur einen wahren Gott gebe, was im krassen Widerspruch zum Göttersystem der Sklavenhalterklasse stand. Es kam seiner Negation gleich. Der „Gott" Abrahams spiegelte jedoch die Vorstellungen der Stämme wieder, weshalb dieser „eine Gott" ihre Existenz und Einheit verkörperte. Die Befreiung von Götzen lässt sich somit auch als eine subversive Aktion verstehen, die sich direkt gegen das Lügengebilde der herrschenden Macht richtete. Der abstrakte Begriff eines allgemeinen Gottes war für seine damalige Zeit sehr fortschrittlich, da er eine Einheit stiftende Komponente in sich trug. Die Auffassung von Heiligkeit gewann damit einen indirekten Charakter. Sie war in der Vorstellungswelt der Menschen nicht mehr allgegenwärtig. Die abrahamitische Gottesvorstellung lässt sich deshalb auch als ein Widerstand gegen die herrschende Klasse verstehen, der von Abrahams damaliger Heimat Urfa ausging und eine prophetische Mission beinhaltete.

Urfa gilt den dort lebenden Menschen heute noch als Land der Propheten, was auch ihren kaum veränderten gesellschaftlichen Grundfesten geschuldet sein dürfte, die sich seit Jahrtausenden auf Ackerbau und Viehzucht gründen. Immer noch messen dort die Menschen dem Ertrag des Bodens einen hohen Wert bei, den sie mit eigener Hände Arbeit erwirtschaften, weshalb er ihnen immer noch heilig ist. Nach wie vor ist die Erinnerung wach, dass die Region einst das Zentrum des Widerstands gegen die „Götter" der Herrschenden beherbergte.

„Heiligkeit" und „Fluch"

In der mythologiegeschichtlichen Betrachtung kommt dem Begriff des „Fluchs" eine nicht minder wichtige Bedeutung als dem der „Heiligkeit" zu. Ihr zufolge werden alle Ereignisse und Faktoren als „Fluch" bezeichnet, die den Fortbestand der natürlichen Lebensgrundlagen bedrohen, wie z. B. der Raub von kollektiv erschaffenen Werten. Angriffe auf Dörfer, Städte, Felder und Kultstätten, werden einem „Fluch" gleichgesetzt; einem brachialen Ereignis, dem man hilflos ausgeliefert ist. In dieser Betrachtung spiegelt sich letztendlich der Übergang zur Klassengesellschaft wider, der einhergeht mit Unterjochung, Repression, Plünderung und Zerstörung, die den Menschen bis dahin völlig unbekannt waren. Alles was ihnen als heilig war, sahen sie bedroht.

Mit der Erwirtschaftung von Werten, die über den alltäglichen Bedarf hinausgehen, entstand ein relativer Wohlstand, der andernorts Begehrlichkeiten weckte. Dies wiederum begünstigte die Entstehung von Klassen, die wiederum nach weiterer Anhäufung des Mehrprodukts strebten. Mit dem Aufstieg der Klassengesellschaft gingen Angriffe auf die angehäuften Werte einher. Die Region geriet in den Blickpunkt äußerer und innerer Aggression. Unterjochung und Plünderung wurden fester Bestandteil des täglichen Lebens. Alles was den Menschen lieb und teuer war, fiel der Zerstörung anheim.

Einst kam in Urfa der Musik die Rolle zu, den „göttlichen" Gaben zu huldigen, die den Menschen „heilig" waren. Diese Musik wich den Epen und Klageliedern, die den erlittenen Verlust beklagten. Auch heute sind diese in Urfa lebendig, da sie seit jeher überliefert werden. In ihnen liegt die agrikulturelle Revolution verborgen, die es den Menschen erstmals ermöglichte, sich in relativer Sicherheit fortzupflanzen, und die die menschliche Zivilisationsgeschichte auf allen Kontinenten nachhaltig beeinflusste.

Die Sumerer belegten die Volksstämme, die diese Ära prägten, mit unterschiedlichen Namen, wie „ari", was soviel wie „Pflugbenutzer" bedeutete, oder bezeichneten sie als Hochlandbewohner, die „urarti" oder als „mit Rindern lebende Leute", die sogenannten „guti". Alle diese Namen bezeichnen die Bewohner Obermesopotamiens. In den Geschichtswissenschaften wird deren Kultur auch als indogermanische oder arische Kultur bezeichnet. Bis ca. 4000 v. Chr. hatte sich der Ackerbau im Osten bis nach China und zur Pazifikküste ausgebreitet. Im Westen reichte sein Einfluss bis an Europas Atlantikküste. Die Annahme, dass sich die indogermanische Kultur von diesem Zentrum aus ausbreitete, wird durch die Ergebnisse zahlreicher archäologischer Grabungen und linuigistischer Forschungen gestützt.[2]

Mit dem dritten Jahrtausend v. Chr. lässt sich eine Ausbreitung von Städtegründungen und die verstärkte Herausbildung von Klassen feststellen, die auf die Sumerer zurückgehen, welche die Ära der schriftlichen Überlieferung begründen. Menschliche Zivilisationsgeschichte beginnt jedoch nicht mit den Sumerern. Die mehr als 10000 Jahre andauernde Ära der Landwirtschaft und die hunderttausend Jahre umfassende Ära der Jäger und Sammler stellen ihr Fundament dar. Die geschriebene Geschichte ist hingegen sehr jung. Sie spiegelt vor allem die Geschichte bestimmter Klassen wieder, die objektive historische Begebenheiten in ihrem subjektiven Sinne darstellen. Diese Art von subjektiver Geschichtsschreibung stellt den politischen und ideologischen Aufstieg der Herrschenden als zwangsläufige Abfolge dar.

---

2 Vgl.: Winfried P. Lehmann, Die gegenwärtige Richtung der indogermanischen Forschung, Archaeoligua. Series Minor, Band 2, Budapest 1992. Öcalan bezieht sich hier insbesondere auf Colin Renfrews „Anatolien-Hypothese"

Mit dem 2. Jahrtausend v. Chr. begann der Aufstieg des amoritischstämmigen Volks der Assyrer, die nördlich von Babylon angesiedelt waren, indem sie die Kontrolle über den Handel in Obermesopotamien und Anatolien übernahmen. Durch den Handel zwischen dem städtisch geprägten Niedermesopotamien und dem vom Bergbau geprägten Obermesopotamien gelangten die Assyrer zu großer Macht. Von 1.300 v. Chr. bis zum 7. Jahrhundert v. Chr. waren sie die beherrschende Macht in Politik und Handel. Urfa gewann als Zentrum dieses Handels und der Landwirtschaft nach und nach an Bedeutung.

In der Zeit der Hurriter, deren Wurzeln in der Kultur von Landwirtschaft und Bergbau treibenden indogermanischen Stämmen zu suchen sind, und ihrer Nachfolger, der Mitanni, wurde Urfa hin und wieder Hauptstadt. Mal befand sich Urfa in der Hand der Assyrer, mal in der der Hurriter. Es wurde zu einem der wichtigsten Zentren der Mitanni. In der Zeit der Urartäer wahrte Urfa seine Bedeutung. In dieser Zeit fiel die Region häufig Konflikten zwischen Hurritern, Assyrern und Hethitern zum Opfer, die sich die Herrschaft über Urfa einander streitig machen. Danach geriet Urfa zuerst unter medische, später unter persische Herrschaft. Durch den Feldzug Alexanders des Großen kam die Region in Berührung mit den Hellenen. Ab dem ersten Jahrhundert v. Chr. fiel Urfa dann unter römische Herrschaft. Ebenfalls in dieser Zeit war es das Zentrum des Königreichs Abgar, das indogermanische und assyrische Wurzeln besaß. Urfa wurde zu einem der ersten Orte, an dem sich unter Assyrern, Armeniern und Kurden das Christentum ausbreitete. Später trat Byzanz an die Stelle Roms, geriet in Konflikt mit den iranischen Sassaniden, und Urfa wechselte wiederum den Besitzer.

Ich erwähnte bereits, dass Urfa bereits 1800 Jahre v. Chr. ein Zentrum von opponierenden Bewegungen gewesen war, die von Visionären angeführt wurden, weshalb sie die Menschen für Propheten hielten. Die Tradition der Propheten, welche sich auch im

Widerstand der lokalen Stämme gegen den assyrischstämmigen Nimrod[3] manifestierte, erreichte mit Abraham eine neue Dimension. Diese Tradition lässt sich im Grunde mit der Widerstandstradition der Stämme gleichsetzten, die ihre Freiheit gegen die Sklaverei verteidigen wollten. Abraham gilt hierfür als Symbol.

Der Transformationsprozess vom Totemismus der Stämme hin zu einem monotheistischen Gott verlief evolutionär. Unter dem Einfluss der sumerischen Mythologie führte er zur Begründung der monotheistischen Religionen. Die Propheten waren die Visionäre dieses historisch-evolutionären Prozesses, deren Wirken auch unter dem Befreiungsaspekt gesehen werden kann. Ihr Handeln versteht sich in diesem Zusammenhang als Opposition gegen die Herausbildung von Klassen. Anderseits spielten sie eine entscheidende Rolle in der Übergangsphase von verstreuten Stammesstrukturen zu einem staatlichen Überbau.

Die Gründung des ersten Königreichs der Hebräer um 1000 v. Chr. ging auf ihr Wirken zurück. Dieses wurde erstmals mit der Niederschrift der Thora dokumentiert, die später als heilige Schrift gilt, welche in ihrer Fortschreibung in das Alte Testament mündete. Im Grunde versuchten diese Propheten, die ungeordneten oppositionellen Bewegungen der Stämme gegen Sumer und Ägypten zu disziplinieren. In gewisser Weise transformierten sie die Kulturen der Stämme entsprechend deren Struktur, um in einem evolutionären Prozess ein Niveau zu erreichen, das sich mit Moses und als Volk Israel manifestierte. Mit Jesus erfuhr das Judentum eine Spaltung in Klassen, in dessen Folge es zu einer Trennung zwischen Thora und Evangelium kam, was heute als Altes und Neues Testament überliefert ist. Das Alte Testament gilt dem jüdischen Volk als das ihm eigene heilige Buch. Das

---

3 Zu verschiedenen Interpretationen des Nimrod vgl. http://www.jewishen cyclopedia.com/view.jsp?artid=295&letter=N und http://eslam.de/begriffe/n/ nimrod.htm

Neue Testament erhebt hingegen den Anspruch, das heilige Buch der gesamten Menschheit zu sein. Urfa wurde zu einem Zentrum des frühen Christentums.

Urfa als ideologisches Zentrum

Es scheint, als habe diese ideologische Bewegung, die von der Region Urfa aus ihren Ausgang nahm, tiefer gewirkt, als allgemein angenommen wird. Die geographische Lage spielt dabei eine wichtige Rolle. Wegen der nahezu gleichen Entfernung zu Assur, zum Hethiterreich und zu Ägypten, herrschte in der Region Urfa eine relativ freie Atmosphäre, da der Einfluss der Repräsentanten der imperialen Zentren auf die Stämme war dort weniger stark ausgeprägt war. Dies wiederum führt dazu, dass sich Urfa im zweiten vorchristlichen Jahrtausend zu einem wichtigen ideologischen Zentrum entwickelte. Hierfür bot auch die Bevölkerungsstruktur von Urfa eine gute Basis. Stämme mit indogermanischem und amoritischem kulturellen Hintergrund lebten im selben Gebiet eng beieinander. Diese bald 5000 Jahre alte demographische Struktur ist selbst heute noch vorhanden. Seit langem leben im Süden Urfas Araber und im Norden Kurden. Später gesellten sich zu dieser demographischen Struktur noch Armenier und Türken hinzu.

Urfa entwickelte sich in geographischer und demographischer Hinsicht zu einem bedeutenden Wirtschafts- und Haldelszentrum. Da es zwischen den drei großen Sklavenhalterzentren Anatolien, Ägypten und Sumer gelegen war, bot es mit seiner prosperierenden Wirtschafts-, Handels- und Bevölkerungsstruktur einen Boden für eine gegen diese Zentren gerichtete neue ideologische und politische Bewegung. Genau auf dieser spezifischen Besonderheit beruht die Bezeichnung der Region als „heiliges Urfa", als Land der Propheten. Dieser ideologische Aufbruch fand einen starken Widerhall bei den Völkern der Region, die ihre ablehnende Haltung gegenüber der Sklaverei einte. Schnell gewann dieser dynamische Prozess eine Massenbasis, worauf sich eine politische Bewegung gründete. Dies spielte eine Rolle bei der Gründung von kleineren Staaten, deren Hauptstadt Urfa gelegentlich wurde. Diese Eigenschaft behielt die Region bis zum Beginn des 20. Jahrhundert bei.

Im Jahr 640 kam Urfa mit dem Islam in Berührung, der viel zur Weiterentwicklung der städtischen Kultur der Händler und Handwerker beitrug, die durch den blühenden Handel im feudalen Zeitalter an Gewicht gewannen. Die sich in der Region kreuzenden Handelswege von Nord nach Süd und von Ost nach West waren hierfür ein wesentlicher Faktor. Ackerbau und Viehzucht ermöglichten es der Region, auch im zweiten Jahrtausend ihre Position als wichtiges Zentrum beizubehalten. Durch den Islam gewann es weiter an Bedeutung. Bis zum Ende des 10. Jahrhundert blieb es unter der Herrschaft der Araber. Danach geriet es zwischen 990-1080 unter die Herrschaft der kurdischen Merwani, denen die Herrschaft der turkstämmigen Artukiden folgte. Im 13. Jahrhundert übte die kurdische Dynastie der Ayyubiten die Macht in dieser Region aus, die im 16. Jahrhundert unter die Herrschaft der Osmanen fiel. In der Bevölkerung der Region stellten die Kurden die Mehrheit. Aber auch Assyrer, Armenier, Araber und Türken siedelten sich dort an. So erhielt Urfa mit der Zeit eine kosmopolitische Struktur. Es entwickelte sich zu einem Zentrum aller religiösen Kulturen und ethnischen Gruppen. Keine Kultur dominierte die Region je alleine, was der multikulturellen Struktur geschuldet ist, deren Geschichte bis in die Frühzeit zurückreicht.

Schon diese kurze Betrachtung zeigt, dass Urfa und seine Umgebung einen komplizierten geschichtlichen Hintergrund besitzen. Aufgrund der Vermischung von religiösen und ethnischen Strukturen bildete eine Wirtschafts- und Handelskultur den gemeinsamen Nenner. Auf dem weiten Lande dominierte eine Ordnung von landwirtschaftlich tätigen und nomadischen, teilweise Handel treibenden Stämmen. Im städtischen Zentrum hingegen dominierten eine religiös geprägte Kultur und eine multiethnische Bevölkerung, die Handel trieb. Diese Situation ähnelte derjenigen der sumerischen Städte. Heute noch haben diese Strukturen Bestand. Urfa ist eine Region, die schon viele Herren gesehen hat; ob in der Gestalt von Herrschern wie Nimrod, der das Zeitalter der Sklaverei wie kein anderer verkörperte, oder in Form von Fürsten und Emiren, die das feudale Zeitalter prägten. So kann letztendlich die Legende, wonach Nimrod Abraham mit einem Katapult ins Feuer werfen ließ, als Symbol eines gewaltigen ideologischen und ökonomischen Kampfes verstanden werden.[4]

Urfa verteidigt seine Geschichte

Die verlogene Ordnung der Sklaverei und feudalen Ausbeutung richtete sich auch gegen die Tradition der Region. Allgemeingültige Paradigmen wurden neu besetzt, die Herrschaft und Ausbeutung immer weiter ausgebaut. Ein Paradigmenwechsel setzte ein, der althergebrachte Werte in ihr Gegenteil verkehrte. Das Kollektiv trat in den Hintergrund, die Herrschaft der Einzelnen galt als neuer Maßstab, dem man zu huldigen hatte. Das Kollektiv, welches die Werte erschafft, wurde verdammt. Herrscher wie

---

4   Sowohl die koranische als auch die jüdische Überlieferung kennen folgende Legende, mit der die Existenz des Urfaer Fischteichs erklärt wird, der als Quellsee die Harran-Ebene speist: Nachdem Abraham mit einem Beil die Götzenbilder Nimrods zerstört hatte, hängte er das Beil der größten der Statuen um. Gefragt, wer die Götterbilder zerstört habe, antwortet Abraham, dies habe offenbar der mächtigste unter den Göttern getan, er habe ja sogar noch das Beil um den Hals. Nimrod verurteilt Abraham dafür zum Tode, lässt ihn fesseln und mit einem Katapult auf einen brennenden Scheiterhaufen werfen. Doch noch im Flug verwandelt Gott das Feuer in einen See und rettet Abraham so das Leben.

Nimrod umgaben sich mit dem Nimbus der absoluten Unnahbarkeit. Sie erklärten sich als „heilig". Seit Tausenden von Jahren halten sie ihre Allianz mit den Nutznießern ihrer Herrschaft in Stadt und Land aufrecht, die sich gegen das kollektive Element richtet, das mit seiner Hände Arbeit sämtliche Werte erschafft. Diese Allianz bedarf einer näheren Betrachtung. Andernfalls werden sich uns der Reichtum an tatsächlicher menschlicher Zivilisationsgeschichte und die Geschichte ihrer wahren Protagonisten nicht erschließen. Worin besteht also der Verrat an den Werten des kollektiven schaffenden Elements? Wie gestaltete sich dieser Prozess seit den Sumerern?

Es war letztendlich eine marginalisierte Gruppe, die sich gegen die ethnischen Gruppen und Stämme richtete, welche die Werte erschufen, derer sich diese Gruppe bemächtigte. Sie nahmen eine ganze Lebenskultur in Besitz und verkehrten sie in ihr Gegenteil. Ihre Stärke entsprang einer Allianz der Nutznießer, die sich mit den Sklavenhalterzentren zusammenschlossen und ihre Macht auf grausame Repression und Ausbeutung gründeten. Ihre wirkliche Macht schöpften sie jedoch aus der Umkehrung althergebrachter Werte, die nichts mehr gemein hatten mit dem Kult der Muttergöttin oder der Religion Abrahams. Sie negierten diese Religionen, in dem sie sie zu einem Furcht erregenden Instrument machten.

Die Rolle der Religion in Urfa ist ein komplexes Thema, das einer gesonderten Untersuchung bedürfte. Dennoch lässt sich mit Gewissheit sagen, dass Urfa von diesen falschen Frömmlern gereinigt werden müsste, die immer wieder aufs Neue Verrat an den Menschen begehen. Es muss möglich sein, einen Schlussstrich unter die sumerische Priesterordnung zu ziehen. Ob die Nutznießer des Systems bewusst oder unbewusst handeln, spielt dabei keine Rolle. Die Relikte der Barbarei, die Aghas, Emire, Reïs und Scheichs, sind ein Hindernis für den Prozess zivilisatorischen Fortschritts.

Sie tragen nichts zur Entwicklung der Region, ihrem Volk und ihrer Kultur bei, sondern verleugnen diese unentwegt. Sie konsumieren, ohne etwas zu geben im Stande zu sein. Stets wurden die Produkte aus Urfa den Sklavenhalterzentren wohlwollend als Gaben dargeboten. Heute werden die regionalen und kulinarischen Produkte der Region in alle Welt exportiert. Urfa und seine Region versinken jedoch in Armut, Hunger und Arbeitslosigkeit. Welch ein bitteres Schicksal für eine Region, die stets Kornkammer des gesamten Mittleren Osten war. Dort wo einst Sprachen und Kulturen ihren Ursprung hatten, ist die Bevölkerung ihrer Sprache und Kultur beraubt. Nur die Kollaborateure singen wie Nachtigallen, um in den Hitparaden der trivialen Spaßkultur Spitzenplätze einzunehmen. Die über Jahrtausende hinweg überlieferten Weisen, Tragödien und Melodien sind zu einer billigen Ware verkommen.

Die Kollaborateure werden derweil immer fetter und reicher. Das Lebensniveau der restlichen Bevölkerung, die arm und sprachlos ist, nimmt hingegen stetig ab. Dieser Widerspruch war und ist in Urfa besonders extrem ausgeprägt. Das Volk ist sich heute selbst entfremdet. Althergebrachte Werte wurden in ihr Gegenteil verkehrt. Sie verweisen nicht mehr auf die Anfänge menschlicher Zivilisationsgeschichte, sondern auf deren Ende. Dieser Widerspruch sollte im 20. Jahrhundert noch verschärfter hervortreten.

Im Zuge des Zusammenbruchs des feudalen osmanischen Reiches strebten die Türken unter der Führung von Mustafa Kemal Atatürk mittels einer der nationalen Befreiungsbewegung die Gründung einer Republik an. Die Kurden aus Urfa unterstützten dieses Unterfangen. Aber auch die Kurden aus anderen Regionen beteiligten sich an der nationalen Befreiung und Gründung der Republik. Für die nationale Befreiungsbewegung wurden sie zu einem strategischen Bündnispartner. Die Gründung der Republik zahlte sich für die Kurden nicht aus, woran die kurdischen

Aufstände gegen die Zentralmacht ihr Anteil gehabt haben dürften. Das Lager der Kollaborateure profitierte von dieser Situation und brachte sich in Stellung. Diese Lakaien eines Untertanenregimes, das dem Wesen der republikanischen Werte grundlegend widersprach, konnten sich aufgrund ihrer langen Tradition des Verrats erfolgreich etablieren. Sie brachten ihre Schäflein ins Trockene, ohne sich im Geringsten um jedwede nationalen oder demokratischen Werte zu scheren. Erst recht hatten sie nichts mit den aufklärerischen Zielen der Republik gemein. Ihr Interessengeflecht in Stadt und Provinz versteckten sie hinter der Maske von Rechtschaffenheit.

Der Bevölkerung gelang es hingegen nicht, ihre ethnische und soziale Struktur für einen fortschrittlichen Aufbruch zu nutzen. Die einstige Kornkammer des Mittleren Ostens verkam zu einem Armenhaus. In Anbetracht dieser Tragödie ist es nicht verwunderlich, dass im letzten Viertel des vergangenen Jahrhunderts eine neue oppositionelle Bewegung entstand, die wie eine moderne Version vergangener prophetischer Bewegungen anmutete.

Der historische Aufbruch der PKK

Der Aufbruch der PKK ging von Urfa aus. Vordergründig wurde ihr ideologisches Fundament in Ankara gelegt, wo damals viel von einem zeitgemäßen Nationenbegriff und Sozialismus die Rede war. Wir hingegen versuchten, es unseren Vorbildern gleichzutun. Aktionen wurden durchgeführt, zuletzt wurde auch Blut vergossen. In der Vergangenheit habe ich über die PKK zahlreiche Analysen angestellt. Meine jüngsten Ansichten zu diesem Thema habe ich im Prozess auf Imrali darzulegen versucht, weshalb ich mich einer weiteren ausführlichen Analyse enthalte.[5]

---

5 Abdullah Öcalan: Verteidigungsschriften: Zur Lösung der kurdischen Frage – Visionen einer demokratischen Republik, 1999 (http://www.freedomfor-ocalan.com/deutsch/ocalan-imrali-deutsch.pdf)

Dennoch kann nicht umhin, die für mich interessante Frage zu untersuchen, welcher Zusammenhang zwischen dem Entstehen der PKK einerseits und der historischen und konkreten Realität Urfas besteht. Was hat es für Auswirkungen auf die Entwicklung der PKK gehabt, dass ich als Begründer dieser Bewegung aus dem äußersten Norden Urfas, dem nahe am Euphrat gelegenen Dorf Ömerli stamme? Bin ich mehr von der dörflichen Kultur beeinflusst, von der Kultur Urfas, oder von universelleren Werten geprägt? Ist die Bewegung ihrem Anspruch, eine moderne Bewegung zu sein, gerecht geworden?

Wenn ich heute zurückblicke, sehe ich, dass der eigentlich prägende Faktor eine erneuerte, modernisierte Form des „Prophetentums" war. Die PKK und ich haben nicht viel mit dem 20. Jahrhundert gemein. Wir stellten vielleicht verbal eine vorgebliche Beziehung zu ihn her. Für mich selbst kann ich jedoch sagen, dass ich mir zu keiner Zeit den Geist des 20. Jahrhunderts zu Eigen gemacht habe. Weder habe ich ihn richtig verstanden, noch habe ich ihn sonderlich ernst genommen. Dies dürfte auch der Grund dafür sein, dass wir damals von einem wirklichen Verständnis der Türkei, Europas und UdSSR weit entfernt waren. Wir wirkten vielleicht zivilisiert, weil wir einige Formen der Zivilisation beachteten. Offensichtlich hatten wir aber keine Ahnung von deren Seele und Bewusstsein. Ich bin sogar weit davon entfernt, die feudale Welt wirklich zu verstehen oder gar zu verinnerlichen.

Die PKK als eine große Schule

Keine Eigenschaft dieser Kulturen ergab für mich einen wirklichen Sinn. Im Grunde entwickelte ich keinerlei Beziehung zur „neuen Welt". Auch das bereits überwundene Zeitalter des Feudalismus war mir völlig fremd geblieben. Als Kind fühlte ich mich völlig auf mich allein gestellt. Dies galt merkwürdigerweise auch für meine Beziehung zu Familie, Schule und Dorf. Mir schien, dass ich diese Welt nie verstehen würde. Genauer gesagt sah ich mich nicht in der Lage zu verstehen, was sie mich lehren wollte. Nach außen hin versuchte ich wie die anderen zu wirken. Ich respektierte das, was allgemein als positiv anerkannt war.

Die Gründung der PKK verlief ähnlich wie die von anderen Parteien. Aus ihr erwuchs jedoch eine Bewegung, die später weltweit Beachtung finden sollte. Als ihr Wachstum in den 1990er Jahren den Zenit erreichte, fanden ich mich an einem Scheideweg wieder. Konkrete Entwicklungen machten sich einschneidend bemerkbar. Die mir bekannte Einsamkeit aus meinen Kindheitstagen stellte sich wieder ein; eine Einsamkeit, die darauf beruht, außerhalb jeglicher Zeiten zu stehen. Je mehr sich ein Mensch von seiner Epoche lösen kann, desto mehr ist er fähig sich andere Epochen grundlegend zu erschließen. Die PKK ist hierfür ein glänzendes Beispiel. Sie ist war hierfür eine große Schule.

Gegen Sezessionismus und Gewalt

Sezessionismus und Gewalttendenzen liegen mir fern. Was ich mit meinem Wirken beabsichtigte, war die Ingangsetzung einer freien Diskussion und die Umsetzung ihrer Ergebnisse, was auch eines der wichtigsten Ziele unserer Aktionspolitik darstellte. Ich suchte einen Ansprechpartner für eine friedliche Lösung. Die Türkei zeigte sich einem Dialog gegenüber jedoch verschlossen. Initiativen der Gegenseite wie die von Staatspräsident Turgut Özal erschienen mir als wenig glaubwürdig, weshalb wir unsere Aktionen solange fortzusetzen beabsichtigten, bis die Gegenseite ein Einsehen haben würde.

Ich versuche mir stets den politischen Prozess vor Augen zu führen, der mit meinem Verfahren auf Imrali seinen Anfang nahm. So bin ich tief davon überzeugt, dass selbst die kleinste Chance für die Schaffung einer Einheit, wobei ich damit nicht nur die politische und geographische Einheit, sondern auch die Einheit mit allen Nachbarvölkern meine, einer kriegerischen

Auseinandersetzung vorzuziehen ist. Dies habe ich auch in meinem Vorschlag formuliert, wonach es ausreichen würde, wenn sich alle beteiligten Seiten an die Grundbegriffe des universalen Rechts halten würden, um zu einem nachhaltigen Ausgleich zu kommen. Ist dies der Fall, lässt sich das Ideal der Einheit der Völker verwirklichen, welches ich mir stets zu Eigen gemacht habe.

Die Notwendigkeit legitimer Selbstverteidigung

Nach wie vor halte ich das Recht auf Selbstvereidigung für legitim, von dem ich glaube, dass es ein Naturgesetz ist. Zwar lässt sich auch in der Natur Aggressivität antreffen, diese gehört jedoch zur natürlichen Lebensweise der Lebewesen. Hierauf gründet sich die Legitimität von natürlicher Selbstverteidigung, die allein der Sicherung der eigenen Existenz dient. Insofern hege ich keinen Zweifel, dass selbst die schwächsten Lebewesen zu einer erfolgreichen Selbstverteidigung im Stande sind. Dabei kommt es weniger auf die Kräfteverhältnisse der jeweiligen Kontrahenten an, als vor allem auf das essentielle Gesetz von Entwicklung an sich.

Insofern erachte ich die Wahrnehmung des Rechts auf legitime Selbstverteidigung durch die PKK weiterhin als notwendig. Dies wird solange vonnöten sein, bis eine universale Rechtsordnung gewährleistet und eine Einheit in Freiheit verwirklicht ist, was nicht nur für die Völker der Türkei, sondern ebenso für alle Nachbarvölker Gültigkeit hat.

Es hängt also vom Vorgehen der betreffenden Staaten ab, welche Richtung die Entwicklung nehmen wird. Ein gewaltsames staatliches Vorgehen wird nur auf gewaltsame Gegenwehr stoßen, da sich die Betroffenen ihres Rechts auf legitime Selbstverteidigung bedienen. Ein Klima der gewaltsamen Konfrontation ist zwangsläufig die Folge. Dies nützt den staatlichen Interessen nicht im Geringsten, sondern stärkt nur die Position derjenigen, die dieses Recht wahrnehmen. Die Lösung der Probleme auf der

Basis demokratischer Kompromisse und die Aufrechterhaltung der Demokratisierungsbemühungen sind erfolgversprechender.

Natürlich verläuft dieser Prozess nicht ohne Spannungen, wenn sich eine Kraft, die ihr Recht auf legitime Selbstverteidigung wahrnimmt, und der Staat gegenüberstehen. Unerwartete Vorkommnisse können überzogene Reaktionen hervorrufen.

Ich habe bereits deutlich gemacht, dass ich schon früher das in der Vergangenheit vorherrschende Aktionsverständnis der PKK scharf kritisiert habe. Meine Bemühungen richteten sich darauf, die PKK auf eine Aktionslinie zu verpflichten, die sich allein auf die Wahrnehmung des Rechts auf legitime Selbstverteidigung begrenzt. Ich muss jedoch eingestehen, dass ich weniger erfolgreich war als ich mir das gewünscht hätte. So bin ich mittlerweile davon überzeugt, dass die Anwendung von Gewalt nicht legitim ist, solange kein Angriff auf das eigene Leben oder die eigene Existenz erfolgt. Dies entspricht meiner Lebensphilosophie, die sich an einem freien Leben orientiert.

Ein solcher Transformationsprozess von Paradigmen ist zugegebenermaßen schwierig, aber nicht unmöglich. Ich denke einen solchen vollzogen zu haben, trotz der schwierigen Lebensbedingungen, denen ich seit Jahren unterworfen bin. Seine Ergebnisse spiegeln sich in diesem Plädoyer wider.

Ein Neuanfang für Urfa

Wie kann eine Zukunftsperspektive für Urfa aussehen, die den Realitäten des 21. Jahrhunderts standhält? Schon mehrmals war Urfa der Ausgangspunkt eines Neuanfangs. Dieser Tradition gilt es sich zu besinnen und einen weiteren historischen Neuanfang zu wagen.

Heute ist Urfa eine Region, in der feudale Traditionen stark ausgeprägt sind. Nach wie vor lassen sich in der mentalen Struktur der Menschen nicht wenige Relikte aus der Zeit der Sumerer feststellen. Die Lebensweise auf dem Lande ist immer noch in vielen Punkten mit der Lebensweise des Neolithikums verbunden. Kapitalistische Wertvorstellungen sind wenig verankert, sie funktionieren nur in technischer Hinsicht. Urfa ist mit seinen Nachbarregionen ein Land im Lande. Seine ethnische und kulturelle Struktur ist weiterhin pluralistisch geprägt. Urfa gleicht deshalb einem Mikrokosmos, in dem sich das gesamte gesellschaftliche Mosaik des Mittleren Ostens widerspiegelt. Es besitzt für den Mittleren Osten dieselbe Bedeutung, wie sie der Mittlere Osten für die gesamte Welt hat. Das meine ich, wenn ich davon spreche, dass Urfa wie einst eine historische Rolle spielen sollte. Mit der Realisierung des GAP-Projekts[6] hat die Bedeutung der Region noch weiter zugenommen. Zweifellos ist Urfa mit bedeutenden ökonomischen, sozialen und kulturellen Problemen konfrontiert, weshalb schon kleinste Investitionen ein hohes Entwicklungspotential in sich bergen. Diese haben dennoch wenig mit dem Wesen des Hauptproblems zu tun. Das eigentliche Problem ist ideologischer Natur.

Die mentale Struktur der Menschen ist durch einen tief verwurzelten Konservativismus dominiert, was sich in der soziokulturellen Gesellschaftsstruktur nachhaltig bemerkbar macht. Dies betrifft nicht nur den feudal geprägten Konservativismus, sondern auch auf einen Konservativismus, der das Erbe der herrschenden Mächte der vergangen Jahrhunderte bewahrt. Dieser Konservatismus verschließt sich sowohl ideologisch als auch politisch den Werten einer säkularen und demokratischen Republik. Solange diese Mentalität und politischen Auffassungen nicht überwunden werden, wird sich im GAP-Gebiet der Konservati-

---

6 Das Südostanatolien-Projekt (GAP) sieht eine „Entwicklung" der Region durch große Staudammprojekte und künstliche Bewässerung vor. Da diese jedoch einmalige Kulturdenkmäler wie die Stadt Hasankeyf vernichten und der breiten Bevölkerung keinen Nutzen bringen, werden diese Projekte seit Langem heftig kritisiert.

vismus noch verstärken. Die Folgen dürften nicht geringer sein, als die, die das Entstehen der PKK nach sich zog.

Deshalb muss sich unsere Aufmerksamkeit insbesondere auf den Kampf zur Schaffung einer neuen ideologischen Identität in der Region konzentrieren. Die Region bedarf dringend einer mentalen Revolution, wie sich auch an den dort vermehrt auftretenden „Ehrenmorden" zeigt. Wenn die kulturelle, soziale, ökonomische und sexuelle Selbstbestimmung der Frau ein durch ihre Familie vollstrecktes Todesurteil nach sich ziehen kann, besteht wahrlich ein dringender Handlungsbedarf. Dies betrifft nicht nur die fehlende Achtung von Leib und Leben, sondern auch das allgemein in sämtlichen gesellschaftlichen Bereichen vorherrschende erzkonservative Klima, welches letztendlich sogar die freie Entfaltung der Region verhindert. Dieser Konservativismus gründet sich auf die Jahrtausende alte Herrschaft von Ausbeuterklassen. Die sich entwickelnden kapitalistischen Verhältnisse werden diese Strukturen nicht überwinden, sondern, wie in vergleichbaren Fällen geschehen, vielmehr verfestigen.

Die Notwendigkeit einer Aufklärung in der Region

Eventuelle ideologische Interventionen in die Region müssen sich im Rahmen demokratischer Maßstäbe bewegen. Die Region bedarf einer Renaissance, wobei die Demokratisierung an oberster Stelle stehen muss. Sie ist ebenso notwendig wie das GAP-Projekt. Man sollte sich jedoch nicht allzu viele Illusionen machen, dass eine Volksbewegung oder der Staat diese vorantreiben könnten. Staat und Gesellschaft werden hierbei nicht untätig sein und im Rahmen ihrer Möglichkeiten dazu beitragen. Worauf es aber wirklich ankommt, ist ein umfassendes zivilgesellschaftliches Projekt, dessen Institutionen den demokratischen Transformationsprozess von Staat und Gesellschaft vorantreiben können – wenn möglich ohne ausgeprägte Konflikte und in gegenseitiger Unterstützung. Das Wirken von zivilgesellschaftlichen Organisationen, welche nach Bedarf in sämtlichen gesellschaftlichen Bereichen geschaffen werden, ist dazu geeignet, die verkrustete konservative Mentalität aufzubrechen. Sollte dies gelingen, würde es der Aufklärungsbewegung großen Schwung verleihen.

Andererseits spiegeln sich in der Bevölkerungsmentalität der Region gewisse Fragmente der matriarchalen Gesellschaftsordnung wider, welche im neolithischen Zeitalter vorherrschend war. Ließen sich diese mit den zeitgenössischen demokratischen Maßstäben in Einklang bringen, käme das einer Aufklärung gleich, die geradezu revolutionäre Charakterzüge trüge.

So ergäbe sich eine Chance zu einem Aufbruch des freien Handelns, da solche eine Aufklärungsbewegung auch den Wertekanon der Bevölkerung nachhaltig verändern würde. Hierfür ist jedoch ein ausreichendes Geschichtsbewusstsein vonnöten, das wissenschaftlichen und dialektisch-philosophischen Kriterien standhält und individuelle Zusammenhänge ausreichend berücksichtigt. Deshalb wäre es wünschenswert, wenn sich zivilgesellschaftliche Institutionen auch der Bildung verstärkt widmeten. Gleiches gilt für den Bereich der Kunst. Auch hier besteht Bedarf nach einem umfassenden Aufbruch. Ohne aber die dekadenten und betäubenden Einflüsse der gegenwärtigen Kunst zu brechen, wird eine Befreiung von Geist und Seele kaum möglich sein. Eine Diskussion, die sich mit der Geschichte der Region und ihrer Kunst beschäftigt und die Strukturen von Basis und Überbau der Gesellschaft hinterfragt, wäre ein wichtiger Schritt in die richtige Richtung. Wir benötigen eine mentale Offensive, wie sie einst von Abraham eingeleitet wurde. Auch der heutigen Götzen sind viele, und ihr Fundament ist fest verankert. Ihr Einfluss auf die Köpfe und Herzen der Menschen ist groß. Wir müssen deshalb den Mut aufbringen, das scharfe Skalpell der Vernunft wirksam einzusetzen, auch wenn es schier unmöglich erscheint. Erst die erneute Zerstörung der zeitgenössischen Götzenbilder wird eine wahre Renaissance in Urfa auslösen.

Ein weiterer wichtiger Schritt ist die Demokratisierung der Politik. Die Gründung einer demokratischen Partei ist vonnöten, die eine Organisationsstruktur aufweist, die von prinzipienfesten Kadern getragen wird, welche ein leidenschaftliches demokratisches Bewusstsein besitzen, um die Gesellschaft voranzubringen. Die Gründung von Menschenrechtsorganisationen, Frauenhäusern und Jugendverbänden wird dem Demokratisierungsprozess den Weg ebnen. In diesen Institutionen sollten nur diejenigen Aufgaben übernehmen, denen die Bedeutung eines demokratischen Bewusstseins und eines Aufbaus von demokratischen Institutionen bewusst ist. Dieses Unterfangen lässt sich jedoch nicht mit Menschen bewerkstelligen, die nicht von dieser Notwendigkeit überzeugt sind.

Aber auch der Aufbau von wirtschaftlichen und sozialen Institutionen ist von immenser Bedeutung. Kostengünstige Gesundheitseinrichtungen für die Bevölkerung, Verbraucherkooperativen, landwirtschaftliche Musterbetriebe und Sporthallen können einen positiven Einfluss auf das gesellschaftliche Leben entfalten. Menschenrechtliche Institutionen, welche allerorten den Anspruch der Bevölkerung auf Rechtsvertretung sichern, sind wichtiger denn je. Denn Rechtsbewusstsein ist von selbiger vitaler Bedeutung wie Geschichtsbewusstsein. Wenn eine solche zivilgesellschaftliche Bewegung erfolgreich arbeitet, wird sie nachhaltig zu einer Aufklärung Urfas beitragen. Derartige zivilgesellschaftliche Strukturen und die sich entwickelnde Infrastruktur können einen wirtschaftlichen, sozialen und politischen Aufbruch begünstigen, der das Potential in sich trägt, Urfa zu einer führenden Region zu entwickeln. Die Fruchtbarkeit der Region birgt einen großes, noch unerschlossenen Reichtum. Arbeitslosigkeit, Armut und Krankheiten müssen nicht länger Schicksal sein. Ein demokratisches Urfa, in dem die Kulturen einer jeden ethnischen Gruppe des demokratischen Mittleren Ostens erblühen und interkulturelle Toleranz herrscht, wäre ein Gewinn für alle.

Wiederbelebung der „abrahamitischen Tradition"

Vielen gilt die Region Urfa deshalb als heilig, weil viele Propheten dort wirkten, so auch der Prophet Abraham. Um das Wirken dieser Propheten besser verstehen zu können, müssen wir zunächst noch einmal kurz die Kultur betrachten, in der sie lebten.

In Urfa, dem Zentrum des Neolithikums, verschmolzen Landwirtschaft, Nomadentum und frühes städtisches Leben zu einer produktiven Synthese. Die Ebenen von Urfa gelten als die fruchtbarsten Gebiete zwischen Euphrat, Tigris und den Taurusbergen, als Kornkammer des Mittleren Ostens. Das Nomadentum wirkte sich auf den gesellschaftlichen Entwicklungsprozess vorteilhaft aus, da es verschiedene Lebenskulturen verband, die sich in den Ebenen und in den Bergen entwickelt hatten. Diese Mischkultur, eine Synthese aus Sesshaftigkeit und Nomadentum, lässt sich bis 10 000 v. Chr. zurück verfolgen.

Die Stadt Urfa dagegen wurde als Kolonie der Sumerer gegründet. Der Name Urfa ist sumerischen Ursprungs, da in der Sprache der Sumerer das Wort „ur" eine Stadt bezeichnete, die auf Hügeln errichtet wurde[7]. Ihre ersten Kolonien gründeten die Sumerer außerhalb von Niedermesopotamien, in der Region um Urfa. Urfa war das Zentrum, welches von den Gebieten Harran, Samsat und Karkamisch umgeben war. Gegen Ende des dritten Jahrtausends stieg Urfa zu einem der wichtigsten Zent-

---

7   Daher findet sich die Silbe *ur* in vielen sumerischen Städtenamen wie Uruk und Nippur aber auch uruschalim=Jerusalem.

ren außerhalb Sumers auf, da sich die Region zu einem zentralen Siedlungsgebiet entwickelte, das in der Folge in die sumerischen Stadtkönigreiche eingegliedert wurde. Die unterschiedliche ethnische Struktur der Bevölkerung in der Region bot ausreichend Nährboden für den Widerstand gegen die sumerische Herrschaft, die als erste eine von Klassen bestimme Zivilisation hervorbrachte, der sich Ackerbau treibende Volksgruppen oder nomadisierenden Gemeinschaften nicht ohne Weiteres beugen wollten. Daher stießen diese ersten Kolonialisierungsunternehmungen der Sumerer auf heftigen Widerstand. Aufgrund des objektiv fortschrittlichen Charakters der Stadt setzte sich letztendlich die Dominanz der städtischen Lebensweise durch.

In der Region lebten indogermanische Volksgruppen, die maßgeblich an der Entwicklung des Ackerbaus Anteil hatten, dessen Entwicklungsprozess auch als „agrarische Revolution" bezeichnet wird, zusammen mit nomadischen Volksstämmen semitischen Ursprungs. Diese beiden Gruppen standen einander konträr gegenüber. Dennoch entwickelten sich zwischen diesen Volksgruppen intensive Handelsbeziehungen. Die indogermanischen Volksstämme bevölkerten mehrheitlich die Gebiete im Norden, Osten und Westen. Die Semiten waren vorwiegend im Süden der Region beheimatet. Die Stadt Urfa wurde hingegen im Zentrum dieses Gebietes gegründet. Diese zentrale Lage Urfas ist heute noch aktuell. Im zweiten vorchristlichen Jahrtausend herrschten in Urfa optimale Bedingungen für Landwirtschaft, Viehzucht, Handel und Handwerk, was den Aufstieg Urfas als wichtiges Zentrum erklärt. Die Mischkultur von dörflichen, nomadischen und städtischen Gemeinschaften brachte ein lebendiges Gemeinwesen hervor, das offen war für neue Einflüsse. Dies führte zum Entstehen einer sehr spezifischen lokalen Kultur, die von vielen ethnischen Besonderheiten geprägt war und sich in Opposition zur sumerischen Kolonialadministration verstand.

Das Wirken Abrahams als Ausdruck einer Widerstandskultur

Vor dem Hintergrund dieser Kultur erscheint das Wirken von Abraham in einem anderen Licht. Wir müssen es als Ausdruck seiner Zeit verstehen. Erst in diesem kulturellen Umfeld war es Abraham möglich, sein Wirken zu entfalten, weshalb man diese originäre Kulturform auch als „abrahamitische Kultur" bezeichnen könnte.

Diese Kulturform, die reich an Elementen des Widerstands war, stand der Kulturform der Herrschenden unversöhnlich gegenüber, die von Nimrod und seinen Nachfahren, den Stadtkönigen, symbolisiert wurde. Die Überlieferungen von der Zerstörung der Götzenbilder durch Abraham und seiner Bestrafung für diesen vermeintlichen Frevel durch Nimrod sind Kulturträger, die vom hiesigen gesellschaftlichen Widerstand gegen sumerische Fremdbestimmung künden. Die realen Begebenheiten gestalteten sich jedoch komplexer und komplizierter. Die Auswirkungen dieses historischen Prozesses reichen bis in unsere heutige Zeit.

Letztendlich richtete sich der Widerstand gegen die Repräsentanten der sumerischen Sklavenhalterherrschaft, die sich selbst zu Gottkönigen erklärt hatten. Dieser Widerstand ließe sich auch als frühe Form eines antikolonialen Kampfes verstehen, den die Volksstämme der Region auf vielfältige Weise führten, wobei sie an einer Glaubensform festhielten, die ihren Interessen besser gerecht wurde; einer Glaubensform, die besagte, dass Menschen, und somit auch Könige, niemals Götter sein könnten[8]. Dies war die Zeit des Übergangs vom Totemismus der Stämme zur Idee von einem einzigen Gott.

Dabei war der Einfluss sumerischer Mythologie von nicht geringer Bedeutung. Mit dem oben beschriebenem Prozess setzte

---

8   Zu Öcalans zentraler These, die Aussage „Menschen können nicht Götter sein" bilde als Widerstandsimpuls gegen das Gottkönigtum den Kern der monotheistischen Religionen, siehe „Gilgameschs Erben".

eine Abkehr vom primitiven Totemismus ein, in dessen Rahmen jeder Stamm oder jede Gruppe eine eigene Gottheit anbetete. Es formte sich die Vorstellung von einem Gott, der in seiner Erhabenheit waltete, die letztendlich dem Bedürfnis der einander ähnelnden Stämme nach Einheit entsprang. Die Entstehung des Monotheismus, dem Glauben an einen einzigen Gott, welcher mit dem Namen Abrahams in Verbindung gebracht wird, war der Ausdruck eines gesellschaftlichen Bedürfnisses, das sich letztendlich im missionarischen Eifer der Propheten manifestierte.

Für jene Zeit kam dieser Vorgang einer Revolution gleich. Die Botschafter dieser Zeit waren die Propheten, die eine neue religiöse Kultur schufen, die sich grundlegend vom totemistischen Glauben der Stämme und vom sumerischen Gottkönigtum unterschied. Urfa war hierfür ein Nährboden, weswegen man von der Region auch als dem „Land der Propheten" spricht.

Anders als oft angenommen entstand die „Prophetenkultur", eine Tradition des gesellschaftlichen Aufbruchs, nicht auf der arabischen Halbinsel. Vielmehr waren Urfa und die benachbarten Regionen Schauplatz dieses Transformationsprozess, der neolithische Glaubensriten und sumerische religiöse Institutionen einer Reform unterzog und dessen Auswirkungen sich ab dem zweiten Jahrtausend v. Chr. bis zur arabischen Halbinsel bemerkbar machten. Propheten wie Henoch, Hiob, Jona und Noah[9] waren weise Männer mit großem Einfluss auf ihre Gemeinschaften, die bereits vor Abraham die besagte Tradition begründeten. Sie waren geistige Träger eines Prozesses, der sich vor allem gegen die sumerische, babylonische und assyrische Sklaverei wandte. Sie führten einen gesellschaftlichen Kampf an, in dem die Stämme für ihre Freiheit stritten und der seinem Wesen nach eine frühe Form des

---

9   Im Islam wird Henoch „Idris" genannt. Die Gräber Hiobs und seiner Frau werden in Urfa verehrt. Alle vier Propheten finden sowohl in der Thora als auch im Koran Erwähnung.

Klassenkampfes war. Dieser Prozess gestalte sich langwierig und verlief stufenweise. Die überlieferte Rolle Abrahams, der auch als Stammvater bezeichnet wird, spiegelt das Niveau dieses Entwicklungsprozesses wider, der in der Zeit Abrahams an Kontur gewann; was viel über Effektivität und Erfolg des Kampfes der Stämme aussagt.

Die damit verbundene gesellschaftliche Umwälzung führte zu einer mentalen Renaissance in der gesamten Region. Das Ideengebäude, das sich einem einzelnen Gott verschrieb und die Gleichheit vor Gott postulierte, negierte die Anbetung von Götzen und die abverlangte Knechtschaft, was einen großen historischen Schritt nach vorn bedeutete. Dass Abraham im Gedächtnis der Menschheit immer noch lebendig ist, dürfte seinem nachhaltigen Beitrag zum Entstehen eines Bewusstseins von Menschenwürde geschuldet sein.

Abrahams Auszug in das Land Kanaan, das heutige Israel und Palästina, mag eine Folge steigender Repression gewesen sein. Aber auch Handelsbeziehungen dürften dabei keine geringe Rolle gespielt haben. Mit dieser Migration, die ungefähr 1.700 v. Chr. stattfand, verbreitete sich die Mission Abrahams auch in Arabien. Viele hurritische Stämme indogermanischer Herkunft[10] und amoritische Stämme semitischer Herkunft unternahmen ähnliche Wanderungen. Sie trieben Handel zwischen Ägypten und Sumer, den Zentren der Zivilisation, und gründeten vereinzelt kleine Fürstentümer. Hierfür bedurfte es lokaler Führungspersönlichkeiten und einer Identität stiftenden Ideologie, die sich in einem neuen Gottesbegriff, dem „El" ausdrückte, von dem ausgehend sich die monotheistische Religion entwickelte.

Die Migration der Stämme, die von Abraham angeführt wur-

---

10 Linguistisch gehörten die Hurriter wohl nicht zu den Sprechern indogermanischer Sprachen, insofern bezieht sich „indogermanisch" hier auf die Zugehörigkeit zum Ackerbau treibenden Kulturkreis.

den, erstreckte sich über einen Zeitraum von vierhundert Jahren. Sie gelangen bis nach Ägypten, wo sie sich als Arbeiter verdingten. In diesem Zeitraum erhielten sie ihre spätere Bezeichnung: die Hebräer. Die Bezeichnung dürfte auf das ägyptische Wort „apiru" zurückgehen, das soviel wie „Staubmenschen" bzw. „Menschen aus der Wüste" bedeutete.

Die Tradition Abrahams: Moses, Jesus, Mohammed

Aufgrund zunehmender Widersprüche mit den ägyptischen Herrschern zogen die hebräischen Stämme erneut aus. Diese Auswanderung gegen Ende des 13. Jahrhunderts v. Chr. wurde von Moses angeführt. Dieser Exodus, der sich über vierzig Jahre erstreckt haben soll, fand sein Ende mit der Ansiedlung im heutigen Israel. Die Ansiedlung war begleitet durch massive Konflikte mit den ortsansässigen Stämmen.

Mit der Verkündung der zehn Gebote hob Moses die monotheistische Religion auf eine neue Stufe, wobei er an die lange „prophetische Tradition" anknüpfte. Er schuf erstmals eine Nationalreligion, mit der er das jüdische Volk einen konnte. Die Furcht vor „Jahwe", dem höchsten „El" und Gott eines „auserwählten" Volkes, diente den verstreut lebenden Stämmen als Identität stiftendes, gemeinsames Element, auf dessen Grundlage im 10. Jahrhundert v. Chr. das Königreich von David und Salomo mit der Hauptstadt Jerusalem entstanden.

Jerusalem entwickelte sich zu einem weiteren Zentrum eines missionarischen Prophetentums. „Al-quds", die Heilige, wie Jerusalem im Arabischen genannt wird, kultivierte erfolgreich eine Tradition, die sowohl an jene in Urfa anknüpfte als auch sich lokalen Gegebenheiten anpasste. Die Gründung des ersten jüdischen Königreichs reproduzierte jedoch die repressiven Klassenstrukturen, gegen die man einst opponiert hatte. Ein geringer Teil der Bevölkerung kam zu Reichtum und Würden, indem sie religiöse Ämter bekleideten. Der Großteil der Bevölkerung blieb jedoch vom wirtschaftlichen Aufbruch im Königreich ausgeschlossen, weshalb sich viele Menschen oppositionellen Sekten anschlossen. Eine solche Sekte, die Essener, eine religiöse Gruppierung des Judentums in der Römerzeit, sollte viel später das das Denken und Handeln einer anderen historischen Persönlichkeit beeinflussen: Jesus von Nazareth.

Jesus soll vor seiner Kreuzigung vom dortigen König nach Urfa eingeladen worden sein.[11] Er entschied sich aber trotz der Gefahr durch die Hohenpriester dafür, nach Jerusalem zu ziehen. Man kann ohne Übertreibung sagen, dass der Lauf der Geschichte ein völlig anderer gewesen wäre, wenn es diese Reise nicht gegeben hätte.

Sein Martyrium ebnete der Ausbreitung seiner Lehre den Weg und markierte eine historische Zäsur, die Zeitenwende. Die monotheistische Religion, die sich bis dahin als Religion eines Stammes oder Volkes verstanden hatte, gewann eine universale Dimension. Die Auffassung eines dreieinigen Gottes, der erstmals nicht zwischen Völkern und Klassen unterschied, fand vor allem bei den Armen und Unterdrückten Gehör. Die griechische Philosophie und die politische Einheit Roms boten ein günstiges Umfeld für die schnelle Ausbreitung des Christentums.

Der Lehre Jesu kam eine bedeutende Rolle bei der Entstehung eines „humanen Gewissens" zu. Gemäß dieser Lehre sind alle Menschen vor Gott gleich, weshalb die Anteilnahme am Leid anderer Menschen auch als Dienst an Gott verstanden wurde. Das dabei entstehende solidarische Element wirkte als einender Faktor eines freien Sozialwesens. Mit der Erklärung des Christentums zur Staatsreligion, die im vierten Jahrhundert in Byzanz vollzogen wurde, setzte ein entgegengesetzter Prozess ein. Die

---

11   Überliefert ist ein Brief Königs Abgars mit einer Einladung an Jesus sowie dessen Antwort. Beide sind fester Bestandteil der Tradition vieler Ostkirchen und waren im Mittelalter auch im Westen geläufig.

christliche Religion wurde als staatliches Instrument eingesetzt, um die Untertanen in Abhängigkeit vom Staat zu halten. Die sozialrevolutionären Inhalte des Christentums blieben außen vor. Sie fielen der Reaktion in den Zentren der Zivilisation anheim.

Mit der Gründung des Islams erfuhr die abrahamitische Tradition im siebten Jahrhundert auf der arabischen Halbinsel eine weitere Transformation. Mohammeds Lehre basierte auf den ersten beiden monotheistischen Religionen, dem Judentum und Christentum, deren Ausdrucksformen er einer radikalen Reformation unterzog. Die Region um Mekka wurde zu ihrem Zentrum. Bereits vorher waren Mekka und seine Kaaba, der zentrale Tempel, ein geistiges Zentrum, in dem zahlreiche Götzen angebetet und totemistische Riten gepflegt wurden. Mohammeds Anliegen konzentrierte sich auf die Einigung aller verbliebenden arabischen Stämme semitischer Herkunft, die er mit seinem Gottesbegriff von „allah", dem einzigen und allmächtigen Gott, der keine anderen Götter neben sich duldet, zu erlangen hoffte. Der sich entwickelnde Handel und die benachbarten mächtigen Imperien der Byzantiner, der Sassaniden und Äthiopiens erklären das Bedürfnis nach einer starken Einheit der Stämme. Der Islam stiftete eine neue ideologische Heimat, eine neue ideologische Identität. Sein Entstehen war das Produkt der dortigen Zwänge.

Der einende Gottesbegriff musste tief im Bewusstsein der Stämme wurzeln, um den antizentralistischen Elementen des Stammeslebens entgegenwirken zu können. Mohammeds Verdienst bei der Einigung der Stämme war seine Erkenntnis über deren größtes Hindernis, was ihn erst zur Entwicklung eines Gegenkonzeptes befähigte. Dieser Schachzug sollte die sich rasant ausbreitende Revolution des feudalen Zeitalters auslösen, auf der die mittelalterliche Zivilisation aufbaute. Mohammed erklärte sich zum letzten Propheten und übergab so die Geschicke der Menschen ihrer Vernunft. Mit der Fortentwicklung von Wissenschaft und Philosophie nahm die Bedeutung von Mythologie und Theologie ab, welche das Zeitalter der Sklaverei und des Feudalismus kennzeichneten. Neben der Hoffnung auf Erlösung durch einen Messias eröffneten sich weitere Horizonte. In einer Epoche, in der die Bedeutung der Vernunft zunahm, bedurfte es keiner Propheten mehr, der Führungspersönlichkeiten ihrer Zeit. Das Entstehen der Philosophie ist hierfür ein klarer Ausdruck.

Mohammed war derjenige Prophet, der sich am stärksten um eine vernunftnahe Interpretation der Religion bemühte. Er wusste um die Schwächen der Religion. Seine Erfahrungen lehrten ihn, dass die Menschen nicht mehr nur mit Offenbarungen zufrieden zu stellen waren. Er schuf ein Gedankengebäude, mit dem das religiöse Denken seinen Zenit erreichte. Das Zeitalter der Vernunft nahm seinen Lauf.

Den nachfolgenden islamischen Gelehrten gelang es jedoch nicht, sich den reformatorischen Charakter der Lehre Mohammeds zu vergegenwärtigen, worauf eine Fortentwicklung angewiesen gewesen wäre. Ihre Interpretationen beraubten den Islam seines reformerischen Charakters, weshalb er sich in eine erzkonservative Religion verkehrte. Dieser Konservatismus, der unmittelbar nach dem Tod Mohammeds einzusetzen begann, führte innerhalb weniger Jahrhunderte zu einer fundamentalen Rezession der mittelöstlichen Zivilisation. Der vorwärtsgewandte Trend wurde so nach 15.000 Jahren in sein Gegenteil verkehrt. Im Zuge der Wirren zwischen dem 9. und dem 13. Jahrhundert sollten sich Krise und Zerfall weiter beschleunigen. Mit der experimentellen Wissenschaft begann dann der Aufstieg des europäischen Kontinents.

Notwendigkeit einer umfassenden Renaissance
Der Zerfall Mesopotamiens nahm seinen Lauf. Für Urfa, das „heilige Land der Propheten", brach ein dunkles Zeitalter an. Die Region, die viele Zivilisation stiftende Dynamiken hervorgebracht hatte, wurde zu einem Hort des Stillstands.

Die Dynastien der Umayyaden und Abbasiden – Kriegsherren, deren Horizont von Gewalt und religiösen Dogmatismus bestimmt war – fielen wie eine Heuschreckenplage über die Region her. Spätere Eroberungsfeldzüge gestalteten sich ähnlich. Urfa gelangte unter die Herrschaft von Tyrannen, die um ein vieles mehr grausamer waren als die Nachfahren Nimrods in Sumer und Assur. Ihre Lakaien führten ein strenges Regiment, das einen Wertezerfall mit sich brachte, der die Menschen abstumpfen ließ. Das Zeitalter des Feudalismus zeigte hier sich hier von seiner dunkelsten Seite. Noch heute künden Klagelieder in der Tradition des „Fluch von Agade"12 von dem damaligen Leiden.

Die feudale Kultur widersprach in vielem der Kultur des Aufbruchs, die von Abraham verkörpert wurde. Archaische Riten, wie „Ehrenmorde", denen selbst junge Mädchen anheim fallen, sind heute noch lebendig. Jegliche Form von weiblicher Selbstbestimmung soll auf diese Weise im Keim erstickt werden. Der Schutz der „Ehre", der letztendlich nur den Schutz männlicher sexueller Privilegien und patriarchaler Herrschaft meint, wendet sich so gegen die gesamte Gesellschaft. Diese reaktionären Muster, die seit vielen Jahrhunderten Gültigkeit besitzen, überlebten auch den Einzug kapitalistischer Strukturen. Das Konglomerat von kapitalistischer Verwertung und feudal geprägter Produktionsweise lässt die gesellschaftliche Situation Urfas ausweglos erscheinen.

Sollte man jedoch den reaktionären Schleier lüften, der über diesen rückwärtsgewandten Strukturen liegt, ließen sich wieder die Relikte einer frühen Kultur erkennen, die sich einst am Menschen orientierte. So hat jede Medaille zwei Seiten. Einerseits

---

12   Beim „Fluch über Akkad" handelt es sich um das älteste bekannte Klagelied der Menschheit. Es berichtet von der Zerstörung von Akkad bzw. Agade, der Hauptstadt Sargons des Großen, um 2200 v. Chr. Vgl. http://www.mesopotamien.de/einfuehrung/fluch.htm

werden einst gültige Wertvorstellungen geleugnet und Strukturen idealisiert, die lediglich auf Zerstörung beruhen. Anderseits existiert das zivilisationsgeschichtliche Erbe einer Zeit des Aufbruchs, in der sich Geist und Seele des Menschen nicht im Widerspruch zu seiner Umwelt befanden. Ein dialektischer Widerspruch von historischem Ausmaß! Die Analyse dieses Widerspruchs mag sich problematisch gestalten. Unmöglich ist sie nicht, wenn wissenschaftlich und sorgfältig vorgegangen wird.

Urfa und die PKK

Ohne dass sich die PKK dieses Widerspruchs bewusst war, versuchte sie sich in Urfa an dieser Problematik. Sie schrieb sich Freiheit und Aufklärung auf ihre Fahnen, was niemand ernsthaft bestreitet. Ihre ersten Aktionen, die hier stattfanden und sich in erster Linie gegen feudale und reaktionäre Strukturen richteten, anstatt sich direkt gegen die Institutionen der Republik zu wenden, sprachen für sich.

Ließe sich nun die PKK als eine moderne Bewegung klassifizieren, die an Traditionen der abrahamitischen Kultur anknüpft? Hinsichtlich ihrer Zielsetzungen bestehen frappierende Ähnlichkeiten. Ihr Angriff auf feudale Machtstrukturen und deren Repräsentanten, die die gesellschaftliche Agonie weiter verschärften, war letztendlich auch ein Beitrag zur Demokratie. Die Aktionen der PKK standen nicht im Widerspruch zum Republikanismus, sondern vielmehr in seiner Tradition. Gemäß ihrer säkularen und demokratischen Zielsetzung richtet sich ein aufrichtiger Republikanismus gegen jedwede Form des Feudalismus. Demzufolge ist die Republik ihrem Wesen nach antifeudal. Objektiv betrachtet bestand zwischen der Republik und der PKK eine gewisse Schnittmenge an gemeinsamen Interessen, was an die Situation erinnert, als in den 1920er Jahren die kurdisch-türkische Allianz begründet wurde, die in den Regionen Antep, Urfa und Maraş[13] immer noch von Bedeutung ist. Grundlage dieser Allianz war die Erkenntnis der gemeinsamen Interessen, die sich an der Moderne und einem freiheitlichen Miteinander ausrichteten. Es mutet tragisch an, dass diese Allianz aufgrund eines extremen türkischen Nationalismus und der kurdischen Aufstände nicht lange Bestand hatte. Eine bedeutende historische Entwicklung wurde so im Keim erstickt, weshalb feudale Macht- und Gesellschaftsstrukturen weiterhin existieren konnten.

In diesem Sinne versuchte die PKK, auf dem freiheitlichen und geschwisterlichen Charakter der Republik aufzubauen. Zu kritisieren ist, dass sie dabei wenig politisches Fingerspitzengefühl aufbrachte. Es wäre jedoch übertrieben, sie ihrem Wesen nach als separatistisch einzuschätzen.

Die PKK hat sich den Grundsatz, dass es keine Einheit ohne Freiheit geben kann, zu Eigen gemacht, weshalb der Vorwurf, sie habe nichts als die Gründung eines separaten kurdischen Staates verfolgt, nicht den Realitäten entspricht. Ihr Fehler lag vielmehr in einem Aktionsverständnis, das zu undifferenziert zur Anwendung kam. Die PKK ist eine Bewegung mit einem ernsthaften Anspruch. Sie ist in der Lage, auch ohne Anwendung von Gewalt, zumindest ohne Anwendung von Gewalt, die über das Maß der legitimen Selbstverteidigung hinausgeht, ihren Beitrag zu einer demokratischen und säkularen Republik zu leisten.

Ich erachte es deshalb nicht für notwendig, die diesbezüglichen Ausführungen meiner allgemeinen Verteidigungsrede noch einmal zu wiederholen.[14] Ich will an dieser Stelle nur anmerken, dass

---

13   Alle drei Städte spielten eine gewisse Rolle im Befreiungskrieg und wurden deshalb später „ehrenhalber" in Gaziantep, Şanlıurfa und Kahramanmaraş umbenannt.

14   Vgl. Verteidigungsschriften: Zur Lösung der kurdischen Frage – Visionen einer demokratischen Republik, 1999

sie sich auch auf Urfa beziehen, wo diejenigen Aktionen der PKK stattfanden, für die ich in diesem Prozess angeklagt bin.

Wichtiger scheint mir zu sein, ob es der PKK gelingt, an die abrahamitische Tradition anzuknüpfen und eine moderne Vision für das 21. Jahrhundert zu entwerfen, um in der Region Urfa eine Renaissance anzustoßen. Für die PKK ist es deshalb von immenser Bedeutung, mit dem gegenwärtigen ideologischen Transformationsprozess, den sie durchläuft, das hierfür notwendige Bewusstsein zu schaffen. Mit ihrer jetzigen Performance wird sie jedoch nicht in der Lage sein, eine nochmalige Wende in der Region herbeizuführen. Aber auch die türkische Republik wird ihre Legitimation nicht länger aus dem Bündnis mit lokalen feudalen Strukturen beziehen können.

Diese Legitimation wird sie nur erlangen, wenn ihr im Geiste der nationalen Befreiung, die nur durch das kurdisch-türkische Bündnis der 1920er Jahre möglich wurde, ein demokratischer Neuanfang gelingt. Wenn die Türkei feudale Strukturen in das 21. Jahrhundert hinüberrettet und die Existenz anderer Kulturen weiterhin leugnet, bereitet sie lediglich dem Separatismus den Boden. Eine starke Einheit lässt sich jedoch nur über gemeinsame Interessen und wahre Freiheit erreichen.

Sind diese gewährleistet, lässt sich das Leid der vergangenen fünfundzwanzig Jahre in ein geschwisterliches Miteinander verkehren. Misstrauen, Verleugnung, Gewalt und Gegengewalt vergiften nur das gesamtgesellschaftliche Klima, was wiederum zu neuen Wellen der Gewalt führt. Die Türkei und die Region Urfa, aber auch der gesamte Mittlere Osten, können jedoch nur eine Renaissance ihrer reichen Vergangenheit erfahren, wenn die Maßstäbe der demokratischen Zivilisation verinnerlicht werden.

Die Bewässerung der Ebenen mit dem Wasser des Euphrat kann hierfür eine vielversprechende materielle Grundlage bieten. Schon jetzt ist der Einzug modernster Technologie ein großer Schritt hin zur demokratischen Zivilisation. Das größte Hindernis für die Entwicklung der Region sind jedoch eine tief verwurzelte feudale Mentalität und eine Republik, die nicht wirklich demokratisch und säkular funktioniert.

Lösungswege

Die PKK muss sich erneuern. Das ist aber nur möglich, wenn sie ihre Fehler der Vergangenheit berichtigt. Sie muss der demokratischen Institutionalisierung Vorschub leisten. Mit einem umfassenden zivilgesellschaftlichen Projekt kann sie einen bedeutenden Beitrag zu Frieden und Demokratisierung leisten.

Auch für Urfa und Region sind zivilgesellschaftliche Projekte von vitaler Bedeutung. Ein klassisches Verständnis von Gesellschaft und Staat dient jedoch nicht dem Fortschritt, sondern lediglich der Rückständigkeit und dem Konservativismus. Absolutismen wie totale Kontrolle der Gesellschaft über den Staat oder totale Kontrolle des Staates über seine Bürger sind für den notwendigen Transformationsprozess nur hinderlich. Eine Methode, die die individuelle Initiative negiert oder moderne zivilgesellschaftliche Institutionen außen vor lässt, wird kein kreatives Potential entwickeln können. Sie führt immer nur zur Perpetuierung eines Politikverständnisses, das auf dem Profit Einzelner beruht. Doch gerade dieses Profitdenken ist das größte Gift für Produktivität und Kreativität.

Zahlreiche zivilgesellschaftliche Institutionen, die sich in allen alternativen gesellschaftlichen Bereichen auf der Grundlage spezifischer Programme organisieren und koordiniert vorgehen, können in der Region der Demokratisierung Vorschub leisten. Die notwendigen materiellen Entwicklungsprojekte, die für das GAP notwendig sind, erhalten erst durch ein solches Demokratieprojekt einen wirklichen Sinn.

Nur wenn demokratische und materielle Entwicklung eng verzahnt voranschreiten, können durchschlagende Ergebnisse erzielt werden.

Welche Parallelen können wir diesbezüglich zur Zeit Abrahams in Urfa erkennen?

Mit dem Auszug nach Kanaan stieß er eine bedeutende historische Entwicklung an. Er schuf in kürzester Zeit einen neues ethisches System, der auf dem Glauben an den einen Gott beruhte, vor dem alle Menschen gleich seien. Die zivilisatorischen Werte, die in der Region Urfa geschaffen wurden, erreichten universales Niveau. Später fiel die Region der Agonie anheim und bedarf nun einer neuerlichen Renaissance. Die PKK übernahm diese Mission, die zu erfüllen die Republik nicht im Stande gewesen war. Ihr Erfolg blieb jedoch begrenzt.

Ein durchschlagender Erfolg kann indes nur in gemeinsamer Anstrengung erzielt werden. Voraussetzung hierfür ist jedoch die vollständige Umsetzung der säkularen und demokratischen Prinzipien der Republik, im Geiste des Friedens und der Einheit. Die türkisch-kurdische Allianz der frühen 1920er Jahre, die ein Bündnis schuf, das auf einem freiwilligen Miteinander und der freien Artikulation verschiedener kultureller Realitäten beruhte, muss wiederbelebt werden.

Derweil nimmt das internationale Interesse an der Region zu. Es wäre falsch, dies ausschließlich mit kolonialistischen Interessen zu erklären. Anderseits ist die Kontinuität kolonialer Unterdrückung seit den Sumerern ungebrochen. Es ist deshalb ratsam, an diese Interessen die Maßstäbe einer demokratischen Zivilisation anzulegen, um gegebenenfalls Partnerschaften und solidarische Beziehungen einzugehen. Die Renaissance einer ganzen Region, die einmal Zentrum menschlicher Zivilisationsgeschichte war, wäre ihrem Erbe würdig. Ein damit verbundener zivilisatorischer Aufbruch könnte ebenso die demokratische Entwicklung des gesamten Mittleren Ostens beschleunigen.

Die Konflikte zwischen den Stämmen der Hebräer und anderen semitischen Stämmen, die bis in die Zeit Abrahams zurückreichen, setzen sich heute im bisher ungelösten arabisch-israelischen Konflikt fort. Das historische Wissen um die Region Urfa kann bei der Suche nach einer Lösung behilflich sein, die nur mit dem Wissen um die Entstehungsgeschichte des Konfliktes möglich wird. Sowohl die arabischen Staaten als auch Israel haben in der Vergangenheit Anspruch auf die Region Urfa erhoben. In Harran leben immer noch viele alteingesessene Araber. Israel versucht, sich mittels dem GAP-Projekt und seiner Technologie, die zur Weltspitze zählt, und unter Einsatz seiner ökonomischen Mittel eine Basis für neuen Siedlungsraum zu schaffen. Gleiches gilt für das arabische Kapital.

Beide Seiten haben mächtige Verbündete im Inland, die sie als Mittler einsetzen. Es müsste ihnen jedoch klar sein, dass der Versuch einer erneuten Kolonisierung im Stile der Sumerer zum Scheitern verurteilt ist. Richtiger wäre ein Kurs, der sich am Frieden zwischen allen Völkern und Kulturen orientiert und auf der Lösung der Probleme des Mittleren Ostens mit demokratischen Maßstäben beruht. Auf dieser Basis sind sie in der Region Urfa willkommen.

Aber auch das assyrisch-aramäische und das armenische Volk sind untrennbare Bestandteile der Region Urfa und haben einen bedeutenden, unauslöschlichen Beitrag zu ihrer kulturellen Entwicklung geleistet. Auch ihre Interessen müssen ausreichend respektiert werden. Eine internationale oder gar supranationale demokratische Solidarität der demokratischen Zivilisation kann die Brücke bauen, die das heutige Zeitalter mit der Urdemokratie der neolithischen Agrargesellschaft verbindet, und so den Boden zu einer Synthese einer neuen Zivilisation bereiten.

Resümee: Abraham und die Kultur der Propheten

Die Kultur der Propheten, als deren Gründervater Abraham gilt, bedarf dringend einer zeitgenössischen Interpretation. Wenn der Beitrag der Region Urfa zur menschlichen Zivilisationsgeschichte wahrheitsgemäß dargestellt würde, ergäbe sich die Möglichkeit zu einer aufgeklärten Diskussion der heutigen Situation. Ohne eine objektive Geschichtsanalyse ist jedoch der Entwurf neuer Zukunftsperspektiven unmöglich.

Die Ursprungsquelle des Prophetentums und der abrahamitischen Tradition, die in der Region um Urfa immer noch große Achtung genießen, reicht zurück bis zur agrikulturellen Revolution, die in der Region tiefe Spuren hinterlassen hat. Der Hang zur Mythenbildung und die Verbundenheit zu Scholle und Natur spiegeln sich auch im heutigen Wertekanon der bäuerlichen Gesellschaft wider.

Der Kolonialismus der sumerischen Klassenherrschaft, die sich erstmals auf die Akkumulation des Mehrprodukts stützte, stieß bei der Bevölkerung auf erbitterten Widerstand. Dieser fand seinen Ausdruck im Prophetentum, das tiefe Spuren in der Geschichte hinterließ. Eine Mehrheit sicherte sich ihre Existenz im Schweiße des Angesichts, was zwischen den Menschen eine tiefe Solidarität entstehen ließ. Eine Minderheit gründete ihre Existenz auf Raub und Unterdrückung. Alle weiteren Entwicklungen menschlicher Zivilisationsgeschichte wurden durch diese sich konträr gegenüberstehenden Pole bestimmt. Eine Dialektik von historischem Ausmaß.

Auf diesem Weg stehen wir nun vor einer Sackgasse. Das Leben in der Region bedeutet nur noch die materielle Erhaltung der eigenen Existenz. Gesellschaftliche Rückständigkeit und seelische Deformation dominieren, weswegen sich die Notwendigkeit einer Renaissance aufdrängt.

Die zeitgenössische demokratische Zivilisation ist in der Region nicht angekommen. Äußere Einflüsse, wie sie zum Beispiel aus dem GAP-Projekt resultieren, haben einen Interventionscharakter, der einer aktualisierten Form des sumerischen Kolonialismus entspricht. Die arabischen Staaten und Israel, obgleich alle semitischer Herkunft, sind einander tief verfeindet. Alle versuchen, die Region um Urfa erneut zu erobern, wobei sie auf die

Dienste lokaler Kollaborateure bauen können, die das Land dem Ausverkauf preisgeben.

Dem türkischen Bürgertum, der militärisch und politisch beherrschenden Kraft in der Region, gelang es bisher nicht, sein wirtschaftliches Monopol im gewünschten Maße zu errichten. Diesen Mangel versucht es durch ein breites Bündnis mit ausländischen Kräften auszugleichen.

Die Kurden, ein autochthones Volk, dessen Wurzeln in der Region 15.000 Jahre zurückreichen, blieben dabei außen vor. Dabei sind sie in der Region eine grundlegende ethnische, soziale, kulturelle und wirtschaftliche Größe. Kein kolonialistisches Regime kann auf Dauer gegen die lokale Bevölkerung aufrecht erhalten werden. Niemand sollte sich von ihrer Rückständigkeit und durch ihre mangelnde sozio-ökonomische Organisierung täuschen lassen. Die falschen religiösen Bruderschaften15 werden nicht ewig existieren. Sie sind weit davon entfernt, Institutionen des gesellschaftlichen Bewusstseins zu sein, weshalb die Kolonialisten nicht allzu lange auf ihre Unterstützung zählen können.

Seit mehr als 1000 Jahren leben in der Region das kurdische und das türkische Volk zusammen. Dieses enge Zusammenleben, das vorwiegend auf Freiwilligkeit beruht, trug viel zum antiimperialistischen Befreiungskrieg in den frühen 1920er Jahren bei. Die darauf folgende Ausrufung der ersten Republik des Mittleren Ostens war ein revolutionärer Schritt. Die Demokratisierung der Republik schlug jedoch aus zwei Gründen fehl. Zum einen stützte sich die Republik auf feudale Institutionen, zum anderen verhinderten die kurdischen Aufstände und ihre Niederschlagung eine demokratische Entwicklung. Die PKK entstand als ein Produkt dieser Missstände. Der Konflikt zwischen der PKK und dem Staat rief viel Leid hervor. Dennoch arbeitete die PKK nicht

---

15   Urfa gilt als stark von muslimischen Orden und Bruderschaften wie den Naqshbandî geprägt.

ernsthaft auf eine Sezession hin, sondern orientierte sich an der Schaffung einer Einheit in Freiheit der Völker der Türkei.

Die wichtigste Lektion, die wir aus diesem PKK-Prozess lernen können, ist, dass beide Parteien von Verhaltensweisen Abstand nehmen müssen, die Gewalt und Sezession Vorschub leisten. Stattdessen müssen dringend Schritte unternommen werden, die einer geschwisterlichen Einheit eine Chance geben.

Die Schaffung einer gewaltfreien Atmosphäre hat dabei oberste Priorität. Den Völkern muss die freie Artikulation ihrer kulturellen Identität zugestanden werden. Wege einer Lösung lassen sich nur durch die Kriterien einer demokratischen Zivilisation eröffnen.

Eine wirklich säkulare und demokratische Republik ist diesen Kriterien verpflichtet. Dem kurdischen und türkischen Volk, insbesondere aber der PKK, fällt die Aufgabe zu, sich mit vereinter Kraft für eine solche Republik einzusetzen. Es muss ein lösungsorientierter Ansatz geschaffen werden, der auf einem zivilgesellschaftlichen Projekt beruht. Hierfür ist die Einsicht nötig, dass alle anderen Methoden zu Gewalt, Leid und Sezession führen. Davon hängt ab, ob es gelingt, das Leid der Vergangenheit in eine Zukunft voller Hoffnung zu verwandeln. Für den Erfolg dieses Unterfangens sind eine demokratische Mobilisierung der Bevölkerung und die Schaffung einer breiten Friedensbewegung unabdingbar.

Wie würden sich Lösungswege für die Probleme der Region auf der Grundlage einer modernen Interpretation des „abrahamitischen" Ansatzes gestalten?

Grundlegende Voraussetzung ist der Prozess eines radikalen Hinterfragens, was in früherer Zeit zum Entstehen der monotheistischen Religionen geführt hatte. Hierbei spielte die Suche nach Wahrheit eine bedeutende Rolle, ohne die Befreiung unmöglich ist. Der Wesenskern dieser Religionen steht im Widerspruch zu den Ideologien, mit denen Ausbeuterklassen seit jeher ihre Herr-

schaft zu legitimieren versuchen. Demzufolge ist die Verbundenheit mit Mohammed, Jesus oder Moses nichts, was man allein
mit Gottesdiensten in Moscheen, Kirchen und Synagogen unter
Beweis stellen könnte. Diese Propheten waren Persönlichkeiten,
die jeweils eine von Vernunft geleitete Interpretation ihrer Zeit
entwarfen, um die ethischen Maßstäbe einer Reform zu unter-
ziehen. Wahrer Respekt vor dem Erbe der Propheten bedeutet
daher, der Kraft der Vernunft und der Freiheit die notwendige
Bedeutung beizumessen und entsprechend zu handeln.

Der Sinn eines Gottesdienstes ist nicht, seit Jahrtausenden
überlieferte Riten zu wiederholen, die ihres Sinnes beraubt wurden, sondern der Wissenschaft, Freiheit und Kunst den Weg zu
ebnen, um das gesellschaftliche und individuelle Leben entsprechend auszurichten.

Die Säulen des Glaubens sind heute weniger die klassischen
Maßstäbe wie Gebet, Fasten, Opfer, Almosen oder das Glaubensbekenntnis, sondern vielmehr die Wissenschaft, die dialektische
Philosophie, ein ethisches Bewusstsein, ein freiheitlicher Ansatz
und das Streben nach Ästhetik. Die Umsetzung dieser Kriterien
in der Moschee, Kirche oder Synagoge zu lehren, wäre der wahre
Dienst an Gott.

Eine moderne Interpretation des „abrahamitischen" Ansatzes
bedeutet die Verinnerlichung der Kriterien der demokratischen
Zivilisation. Das Bekenntnis zu diesen Kriterien muss die erste
Säule des Glaubens sein. Der „abrahamitische" Ansatz akzeptiert
keine Lippenbekenntnisse zu einem Glauben, dessen Bedeutung
sich einem nicht erschließt oder der im Leben keine praktische
Umsetzung erfährt. Die Zugehörigkeit zu einer Religion, die sich
diesem Ansatz verpflichtet sieht, erfordert auf wissenschaftlichen
und philosophischen Gebiet auf der Höhe der Zeit zu sein, das
freie Handeln als höchste moralische Instanz anzuerkennen und
die Kunst als höchsten Ausdruck des Lebens zu begreifen.

Für einen Gläubigen ist deshalb die Beteiligung an zivilgesellschaftlichen, historischen oder ökologischen Projekten oberstes Gebot. Ob Friedens- und Menschenrechtsorganisationen oder demokratische Parteien und Basisversammlungen, ob Frauen- und Jugendorganisationen oder Kinderprojekte und Seniorenverbände, ob Presse- und Wirtschaftsverbände oder Sport und Kunst, ob Bildungssektor oder Stiftungen, die sich für die Bewahrung von Umwelt oder Kulturgütern einsetzen, ob Wissenschaft oder Technik: Die Möglichkeiten für persönliches Engagement sind breit gestreut. Sie alle bieten ein weites Spektrum an Möglichkeiten, um den eigenen Glauben aktiv zu praktizieren.

Die ethischen Paradigmen unterliegen einem Wandel. Das was „rein" respektive „helal" und das was „tabu" respektive „haram" ist, hat sich grundlegend verändert. Das Bewusstsein über die eigene geschichtliche Realität und Gegenwart, die freie Artikulation der eigenen Sprache und Kultur, der Ertrag aus der eigenen Arbeit, ein gesellschaftliches und politisches System, das dies gewährleistet, erlaubt ein gesegnetes Leben, das „helal" ist. Ein Leben außerhalb dieser Werte ist „tabu", also „haram". Diese Definition entspricht dem „abrahamitischen" Ansatz. Die Rezitation von Gebeten, ohne deren Bedeutung überhaupt zu verstehen16 oder ohne zu wissen, in welchem Jahrhundert sie entstanden, widerspricht dem Wesen von Religion. Es ist deshalb wichtig, Gewissen nicht mit Knechtschaft zu verwechseln.

Sich für Urfa und Region einzusetzen, bedeutet ein Leben in Würde und Freiheit zu führen, das durch schöpferische Arbeit gesichert wird; ein Leben in Schönheit, Frieden, Wahrheit und Gerechtigkeit, im Einklang mit Verstand und Gewissen.

Dies entspricht der Essenz der drei großen monotheistischen Religionen. Das Glaubensbekenntnis, die Gebetszeiten, das Fasten, die Opfer und die Wohltätigkeiten tragen nur zum Glauben

---

16 Da die muslimischen Gebete und der Koran in arabisch verfasst sind, verstehen die meisten Türken und Kurden die Bedeutung der Worte nicht.

bei, wenn sich das persönliche Leben an oben stehender Definiti-on ausrichtet. Der „dschihad", der Dienst an Gott, bedeutet den oben beschrieben Weg aufrichtig zu beschreiten. Die Aktivitäten der Bruderschaften, die vorgeblich im Namen der Religion han-deln, dienen allein der Unwissenheit. Sie verherrlichen lediglich die heutigen Nachfahren von Nimrod und seinen Götzen. In der gegenwärtigen Form werden im Namen Allahs die Werte ange-betet, welche die Werte von Herrschern wie Nimrod verkörpern. Es gehört ein hohes Maß an Unwissenheit dazu, diesen Werten einen göttlichen Wert beizumessen. Deshalb ist die Zerschlagung der Götzenbilder jener Unwissenheit, die seit Jahrhunderten be-wusst gefördert wird – auf der Basis von demokratischen zivili-satorischen Kriterien – ein Akt legitimer Selbstverteidigung, der dem „abrahamitischen" Ansatz Rechnung trägt.

Dies sind die Lehren, die ich aus der wechselreichen Geschich-te von Urfa und der Geschichte der PKK ziehe. Ich hoffe mit meinen selbstkritischen Ausführungen zum besseren Verständnis der PKK und Lebensumstände in Urfa beigetragen zu haben. Auch wenn mich das Gericht schuldig sprechen sollte, die Ge-schichte wird mich freisprechen. Das Schicksal meines Landes und Volkes wird die Demokratie sein.